Maciej Noszczak

I0888917

PZL.37 A-B ŁOŚ

The PZL.37 "Moose" is without a doubt a legendary plane. Not only because of innovative construction, but also because of its history tangled with the fate of the Second Polish Republic – with all its strengths and weaknesses. Thanks to the efforts of such researchers as Andrzej Glass or Wacław Klepacki, the plane has been restored to the right place in the history of Polish aviation. The last plans of PZL.37 were released in year 2006, since then, thanks to the capabilities of 3D CAD programs, we have managed to make a virtual airplane model. It was created not only on the basis of available technical drawings, but also after analyzing archival photographs and researching specific new information about the aircraft. This was reflected both in this publication and in the "Moose" model of IBG Models in 1/72 scale which was a dream come true for many modellers. At this point, I would like to thank Mr. Andrzej Glass for invaluable help, lending all available materials and enormous kindness. Words of recognition are also due to the late Wacław Klepacki, a true-born engineer, a man who as the first created the wonderful plans of "Moose" from the scraps of materials. Special thanks to Jacek "Kecay" Jackiewicz and Damian Majsak for many years of cooperation.

The PZL.37 "Moose" was undoubtedly the peak achievement of the Polish technical thought of the interwar period. The aircraft with a compact structure and perfect aerodynamics was not inferior to its competitors of that time.

Versions of the airplane (omitting prototypes):

- PZL.37
- PZL.37A bis
- PZL.37B
- PZL.37B II (series 1)
- PZL.37B II (serie 2)
- PZL.37C
- PZL.37D

In Polish Air Force the PZL.37 was painted according to a typical two-colour scheme: the upper surfaces was covered with the so-called Polish khaki (in various shades depending on the period of production, etc.), bottom was in light and metalizing gray-blue colour. On the upper wing surfaces there were small Polish checkerboards, placed unsymmetrically. At the bottom of the wings they were much larger and painted symmetrically. A serial number was painted on the side of the rear part of the fuselage; a designation of the aircraft version, the manufacturer's logo and small checkerboards were painted on the rudders and vertical stabilizers. On the bottom of the wings, generally, capital letters and call numbers were also applied. Some machines had squadrons emblems or individual foundation inscriptions from donors painted on the sides of the fuselage.

"Moose" airplanes took active part in the September 1939 campaign, including bomber-reconnaissance raids over Kreuzburg and the Vossowska railway station in Germany. However, the main missions for the PZL.37s was to destroy the enemy's armoured units. Attacks on German motorized columns were relatively effective, enough to write that in the case of fights in the Radomsko region about 40 tons of bombs were dropped onto the Germans.

In the September campaign 46 PZL.37 aircrafts were used. 31 lost (14 due to direct fights). Some aircraft were evacuated to Romania, where they were later incorporated into Romanian aviation units. In total, Romanians operated 24 "Moose" versions. As a war prize they were also found in Germany and Soviet Russia. The Romanian "Moose" were used until September 1, 1944. After the end of World War II, the Polish side was not interested in recovering the remaining machines. Until our times not a single copy of this beautiful plane has been preserved.

PZL.37 „Łoś" to bez wątpienia samolot legenda. Nie tylko z powodu nowatorskiej konstrukcji, ale również ze względu na swoją historię splątaną z losami II RP – z jej mocnymi i słabymi stronami. Dzięki staraniom takich badaczy jak Andrzej Glass czy Wacław Klepacki samolotowi zostało przywrócone należyte miejsce w historii polskiej aeronautyki. Ostatnie plany PZL.37 ukazały się w 2006 roku, od tego czasu, dzięki możliwościom programów 3D CAD, udało się stworzyć wirtualny model samolotu. Powstały one nie tylko w oparciu o dostępne rysunki techniczne, ale także po przełożeniu archiwalnych fotografii na konkretne nowe informacje o samolocie. Znalazło to odzwierciedlenie zarówno w niniejszej publikacji, jak i w będącym spełnieniem marzeń wielu modelarzy modelu „Łosia" firmy IBG Models w skali 1/72. W tym miejscu pragnę podziękować Panu Andrzejowi Glassowi za nieocenioną pomoc, użyczenie wszelkich dostępnych materiałów oraz przeogromną życzliwość. Słowa uznania należą się również śp. Wacławowi Klepackiemu, inżynierowi z krwi i kości, człowiekowi, który jako pierwszy ze strzępek materiałów stworzył wspaniałe plany „Łosia". Specjalne podziękowania pragnę wyrazić Jackowi „Kecay" Jackiewiczowi oraz Damianowi Majsakowi za wieloletnią już współpracę.

Samolot PZL.37 „Łoś" był bez wątpienia szczytowym osiągnięciem polskiej myśli technicznej okresu dwudziestolecia międzywojennego. Samolot o zwartej konstrukcji i doskonałej aerodynamice nie ustępował parametrami swym ówczesnym zagranicznym odpowiednikom.

Wersje samolotu (z pominięciem prototypów):

- PZL.37A
- PZL.37A bis
- PZL.37B I
- PZL.37B II (ser. 1)
- PZL.37B II (ser. 2)
- PZL.37C
- PZL.37D

Samolot w lotnictwie polskim malowany był wg typowego dwubarwnego schematu: górne powierzchnie w kolorze tzw. polskiego khaki (w różnych odcieniach w zależności od okresu produkcji itp.), dolne w jasnym i metalizującym kolorze szaroniebieskim. Na górnych powierzchniach naniesione były niesymetrycznie ustawione, niewielkie szachownice. Na spodzie skrzydeł były one znacznie większe i namalowane symetrycznie. W tyle kadłuba nanoszono numer seryjny, zaś na statecznikach pionowych oznaczenie wersji samolotu, logo producenta oraz małe szachownice na sterach kierunku. Na spodzie skrzydeł nanoszono z reguły również duże litery i numery wywoławcze. Na niektórych maszynach malowano godła jednostek lub napisy fundacyjne.

Samoloty „Łoś" brały aktywny udział w kampanii wrześniowej 1939 roku, dokonując m.in. rajdów bombowo-rozpoznawczych nad Kreuzburg oraz stację kolejową Vossowska w Niemczech. Jednak głównym celem „Łosi" było niszczenie jednostek pancernych przeciwnika. Ataki na niemieckie kolumny zmotoryzowane były relatywnie skuteczne, dość napisać, że w przypadku walk w rejonie Radomska zrzucono na Niemców ok 40 ton bomb.

W kampanii wrześniowej użyto 46 samolotów PZL.37. Stracono 31 (14 w wyniku bezpośrednich walk). Część samolotów ewakuowano do Rumunii, gdzie w późniejszym czasie wcielono je w stan jednostek lotnictwa rumuńskiego. Ogółem Rumuni eksploatowali 24 samoloty typu „Łoś" różnych wersji. Jako zdobycz wojenna „Łosie" znalazły się również w Niemczech oraz Sowieckiej Rosji. Rumuńskie „Łosie" wykorzystywano bojowo do 1 września 1944 roku. Po zakończeniu II wojny światowej strona polska nie była zainteresowana odzyskaniem pozostałych maszyn. Do naszych czasów nie zachował się ani jeden egzemplarz tego pięknego samolotu.

PZL.37 A-B ŁOŚ • Maciej Noszczak

First edition / Wydanie pierwsze • LUBLIN 2018 • ISBN 978-83-951575-5-4

Translation / Tłumaczenie: **Stanisław Powała-Niedźwiecki** • Color profiles / Plansze barwne: **Maciej Noszczak** • Scale drawings / Rysunki techniczne: **Maciej Noszczak** • Design: **KAGERO STUDIO**

Distribution / Dystrybucja: Kagero Publishing • www.kagero.pl • e-mail: kagero@kagero.pl, marketing@kagero.pl

Editorial Office, Marketing / Redakcja, Marketing: Kagero Publishing, ul. Akacjowa 100, os. Borek, Turka, 20-258 Lublin 62, Poland, phone/fax +48 81 501 21 05

PZL.37A

0 0,5 1 2 3m

Scale 1/48

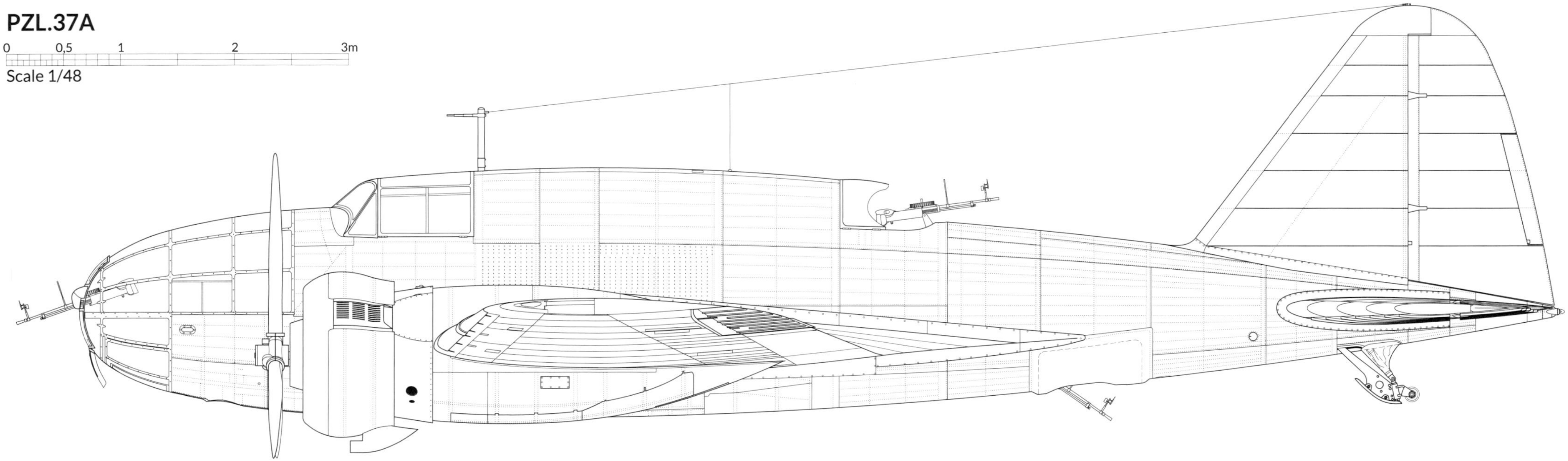

PZL.37A without spinners
PZL.37A ze zdjętymi kołpakami śmigieł

TOPDRAWINGS
Drawings/rysował: © Maciej Noszczak

PZL.37

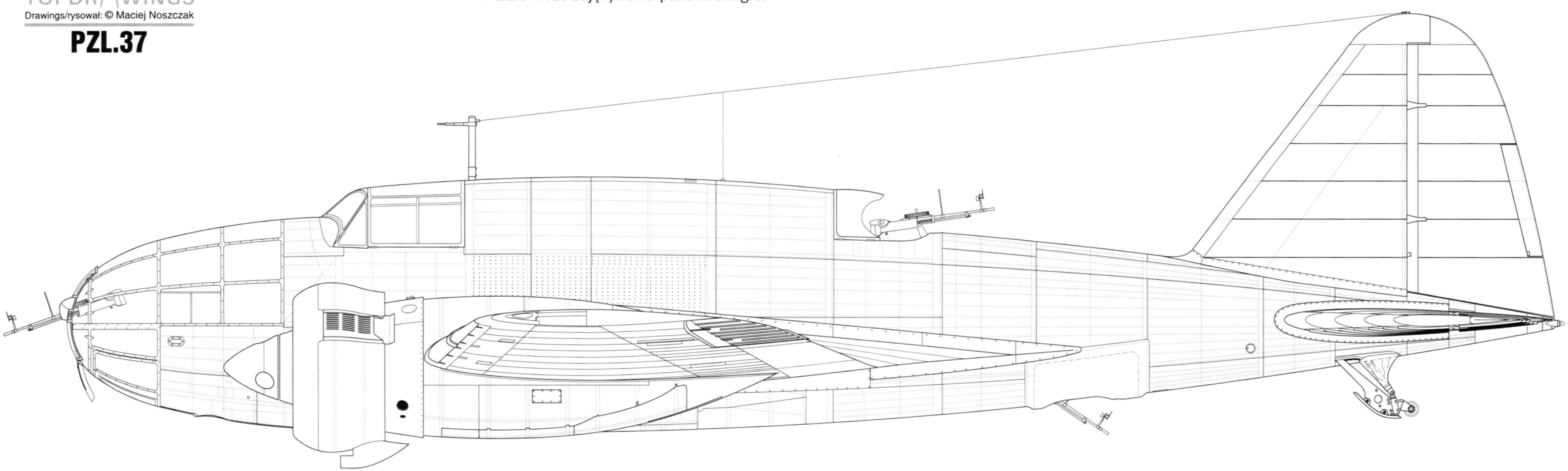

PZL.37A, side view
PZL.37A, widok z boku

Sheet/Arkusz 1

KAGERO

www.kagero.eu
www.shop.kagero.pl

PZL.37A

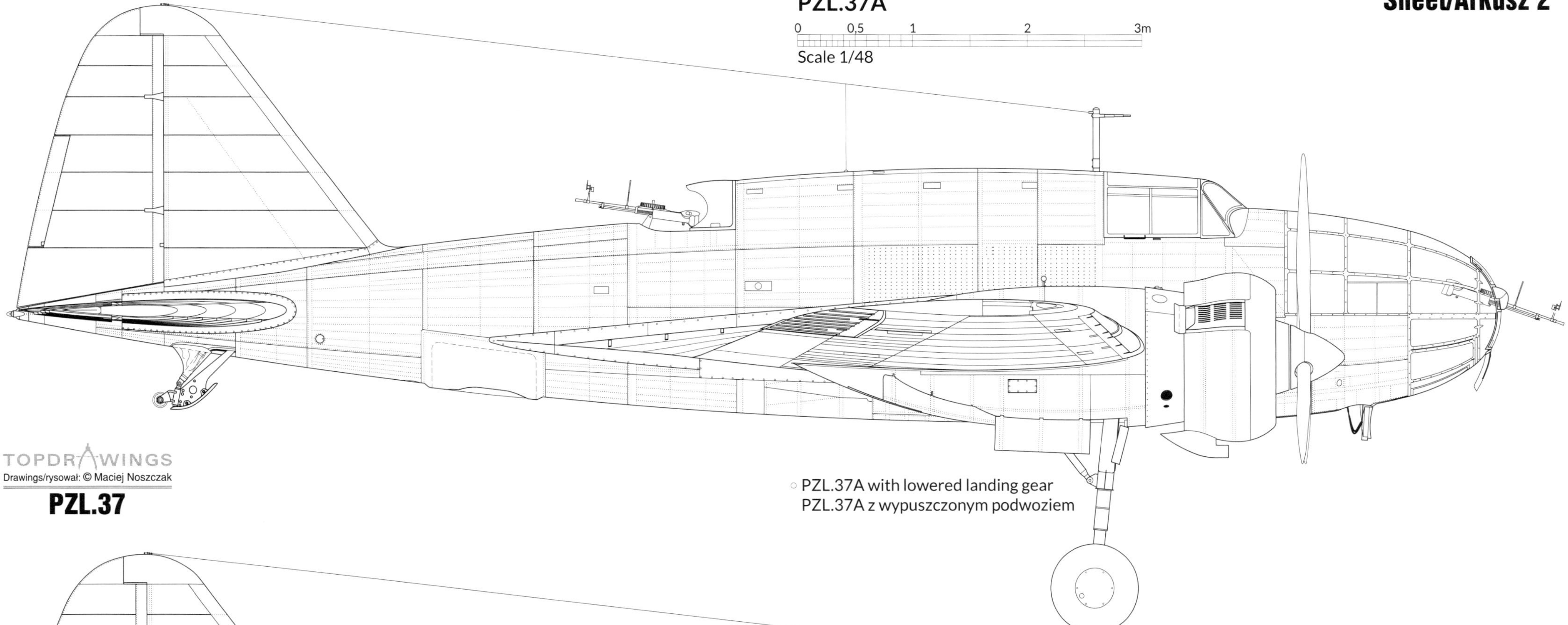

TOPDRAWINGS
Drawings/rysował: © Maciej Noszczak
PZL.37

◦ PZL.37A with lowered landing gear
PZL.37A z wypuszczonym podwoziem

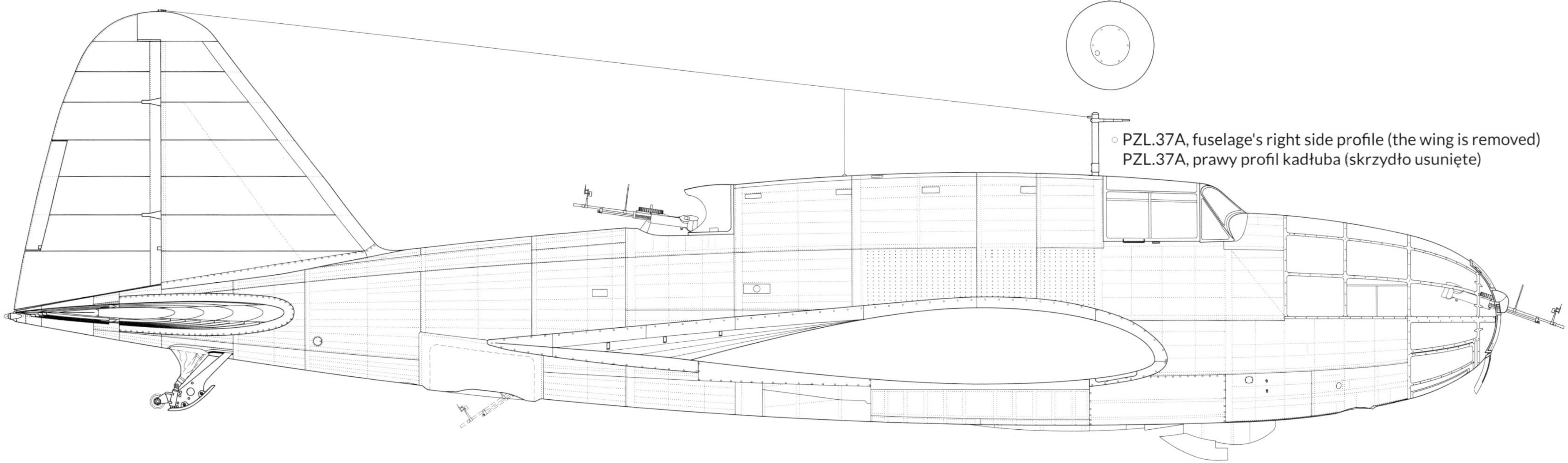

◦ PZL.37A, fuselage's right side profile (the wing is removed)
PZL.37A, prawy profil kadłuba (skrzydło usunięte)

KAGERO

www.kagero.eu
www.shop.kagero.pl

PZL.37A

0 0,5 1 2 3m

Scale 1/48

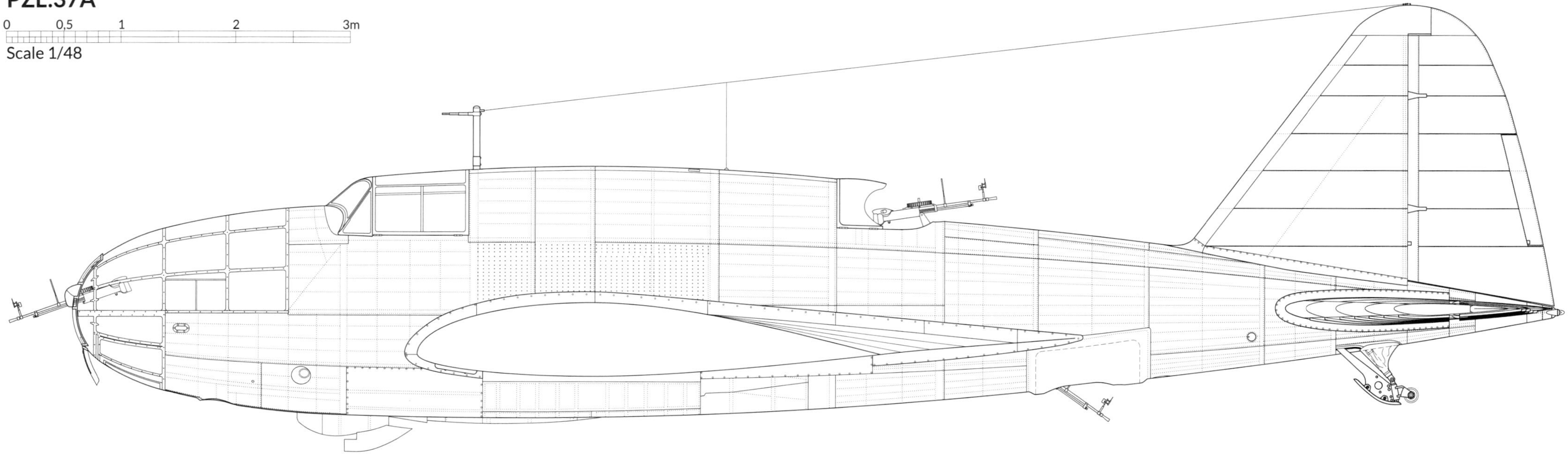

TOPDRAWINGS

Drawings/rysował: © Maciej Noszczak

PZL.37

○ PZL.37A, fuselage's left side profile (the wing is removed)
PZL.37A, lewy profil kadłuba (skrzydło usunięte)

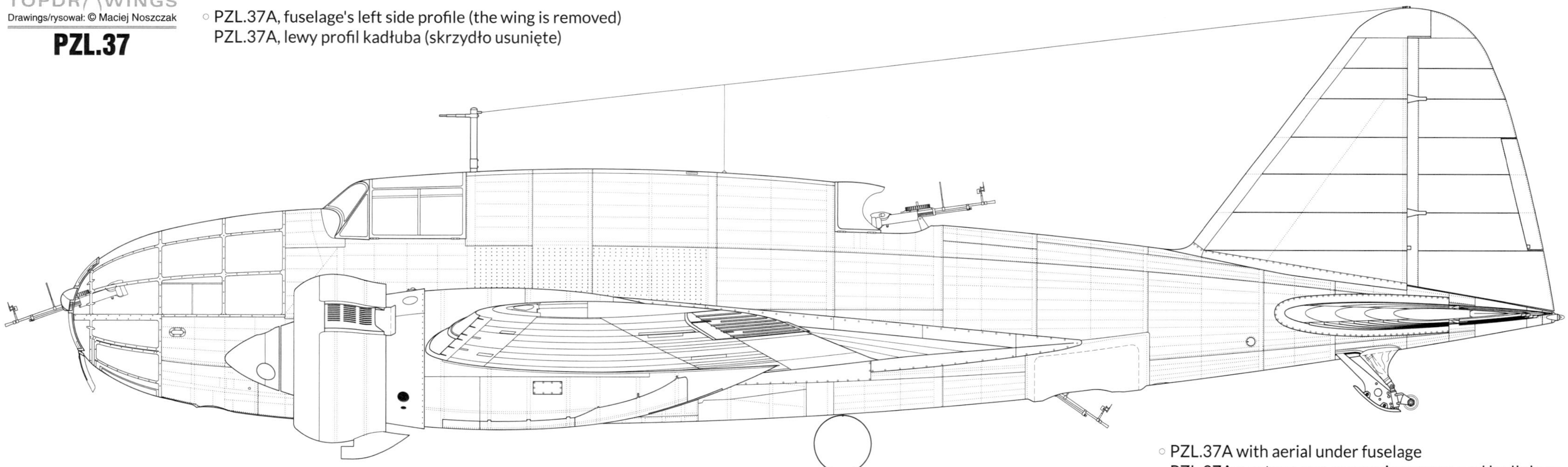

○ PZL.37A with aerial under fuselage
PZL.37A z anteną ramową umieszczoną pod kadłubem

Sheet/Arkusz 3

KAGERO

www.kagero.eu
www.shop.kagero.pl

PZL.37A

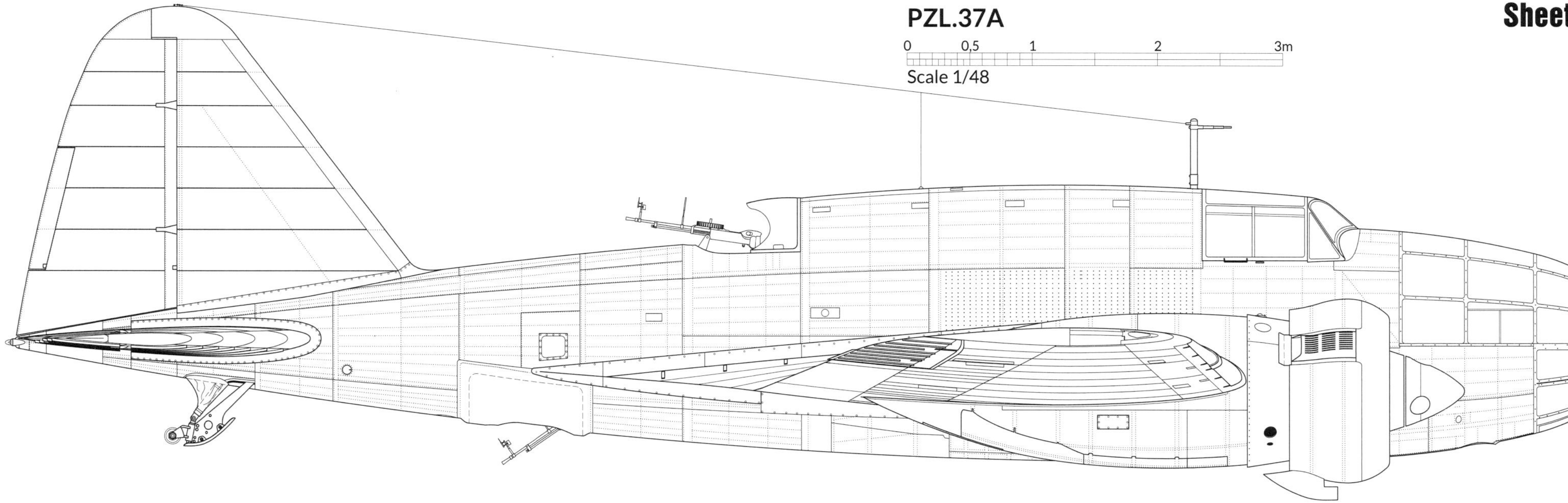

○ Modified PZL.37A with window at rear low gun position
Zmodyfikowany PZL.37A; dodane niewielkie okienko w tylnej części kadłuba, nad dolnym stanowiskiem strzeleckim (widok z prawej)

TOPDRAWINGS
Drawings/rysował: © Maciej Noszczak
PZL.37

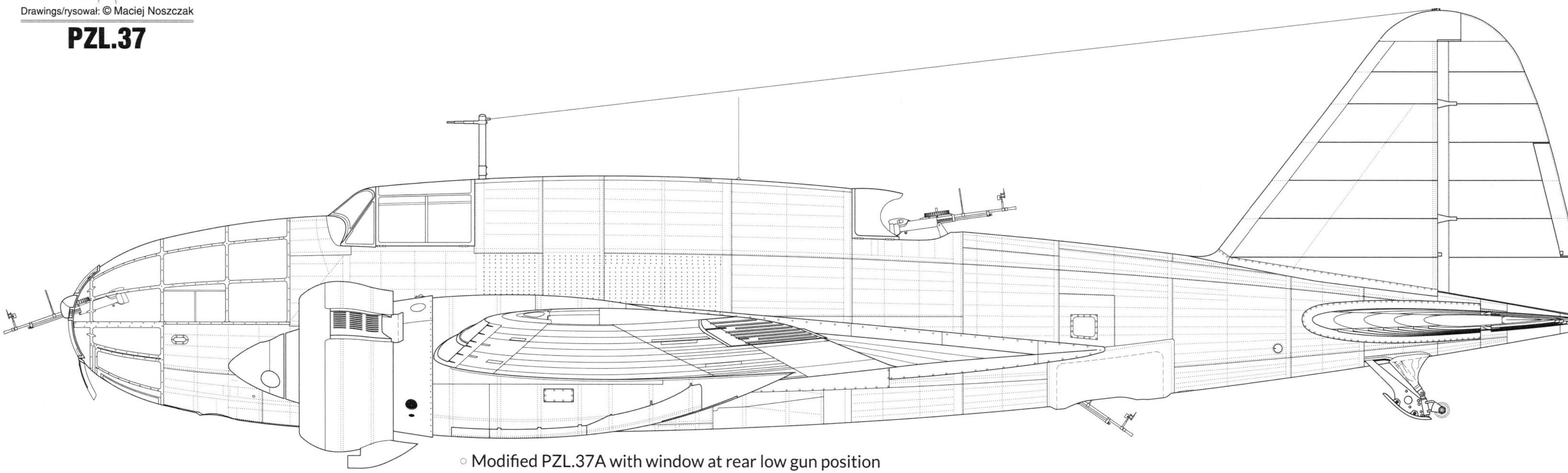

○ Modified PZL.37A with window at rear low gun position
Zmodyfikowany PZL.37A; dodane niewielkie okienko w tylnej części kadłuba, nad dolnym stanowiskiem strzeleckim (widok z lewej)

KAGERO

www.kagero.eu
www.shop.kagero.pl

PZL.37A bis

Sheet/Arkusz 5

0 0,5 1 2 3m

Scale 1/48

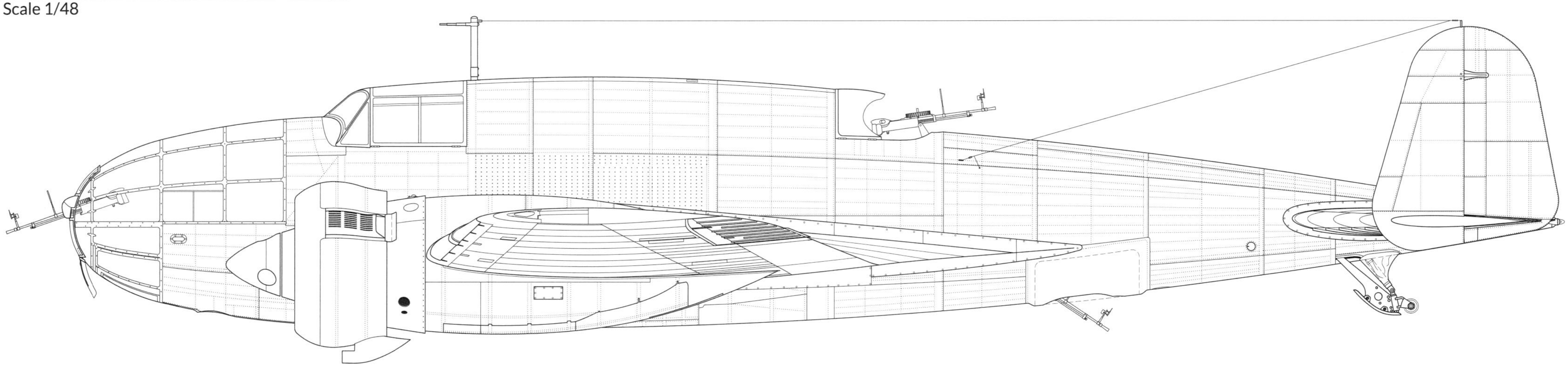

PZL.37A bis, side view
PZL.37A bis, widok z boku

TOPDRAWINGS
Drawings/rysował: © Maciej Noszczak
PZL.37

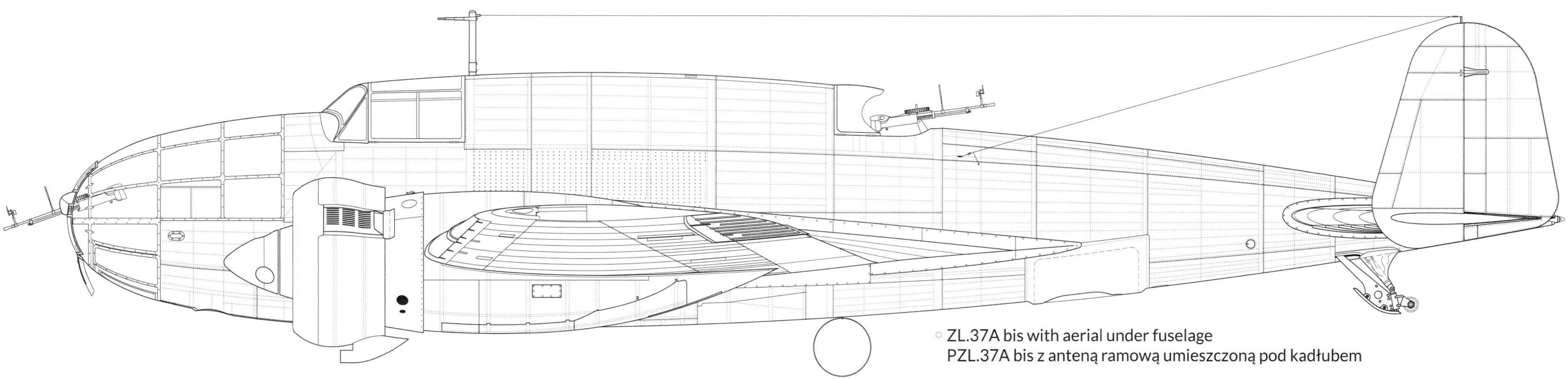

ZL.37A bis with aerial under fuselage
PZL.37A bis z anteną ramową umieszczoną pod kadłubem

PZL.37A bis

0 0,5 1 2 3m

Scale 1/48

Sheet/Arkusz 6

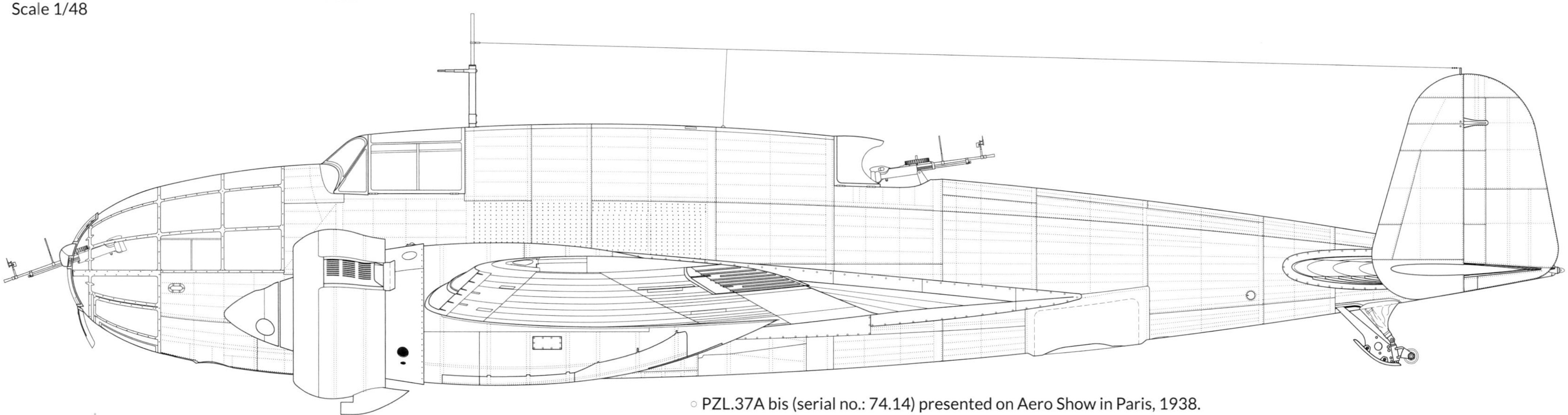

○ PZL.37A bis (serial no.: 74.14) presented on Aero Show in Paris, 1938.
PZL.37A bis (nr seryjny: 74.14) prezentowany na Salonie Lotniczym w Paryżu w 1938 r.

TOPDRAWINGS

Drawings/rysował: © Maciej Noszczak

PZL.37

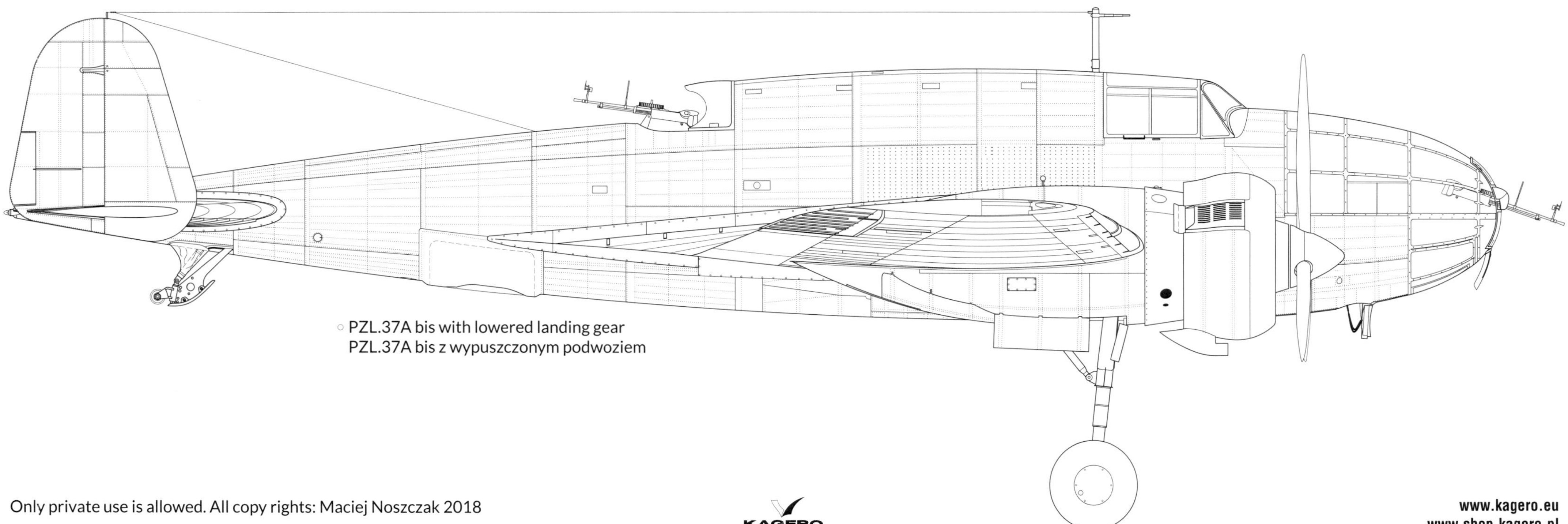

○ PZL.37A bis with lowered landing gear
PZL.37A bis z wypuszczonym podwoziem

KAGERO

www.kagero.eu
www.shop.kagero.pl

PZL.37A bis

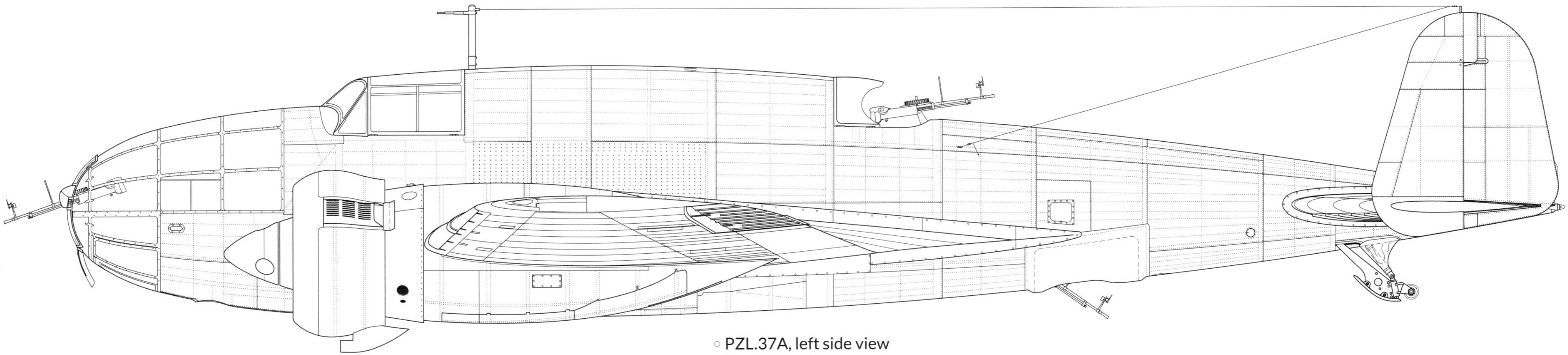

○ PZL.37A, left side view
PZL.37A, widok z lewej

TOPDRAWINGS
Drawings/rysował: © Maciej Noszczak

PZL.37

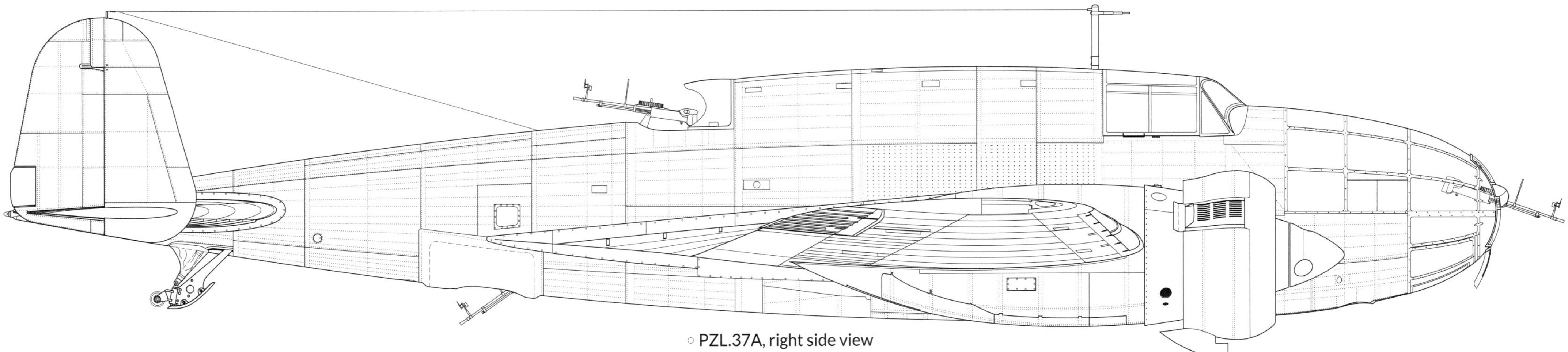

○ PZL.37A, right side view
PZL.37A, widok z prawej

PZL.37B I

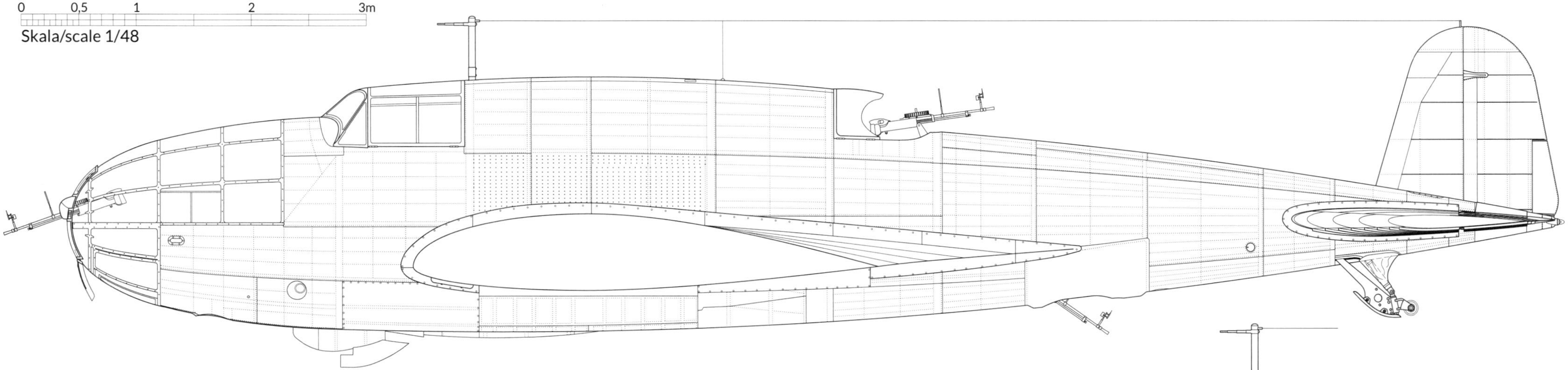

○ PZL.37B I, fuselage's profile (left wing and vertical stabilizer removed)
PZL.37B I, profil kadłuba (lewe skrzydło i statecznik pionowy usunięte)

TOPDRAWINGS
Drawings/rysował: © Maciej Noszczak
PZL.37

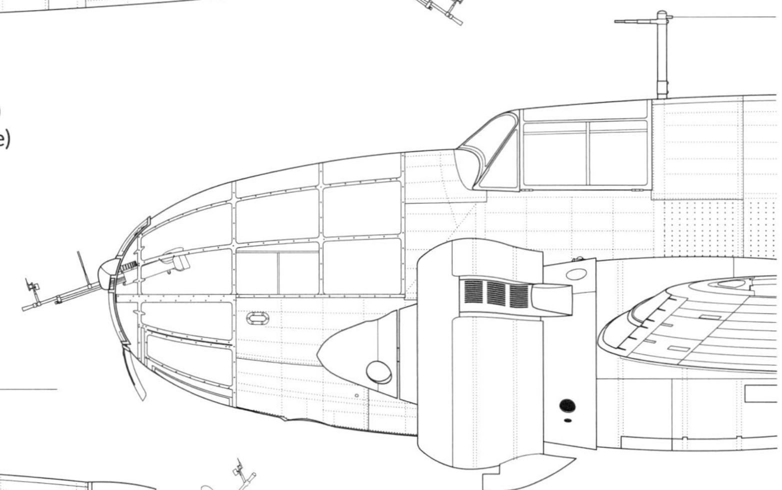

○ PZL.37B I, note the exhaust with louvers
PZL.37B I, zwraca uwagę rura wydechowa z żaluzjami

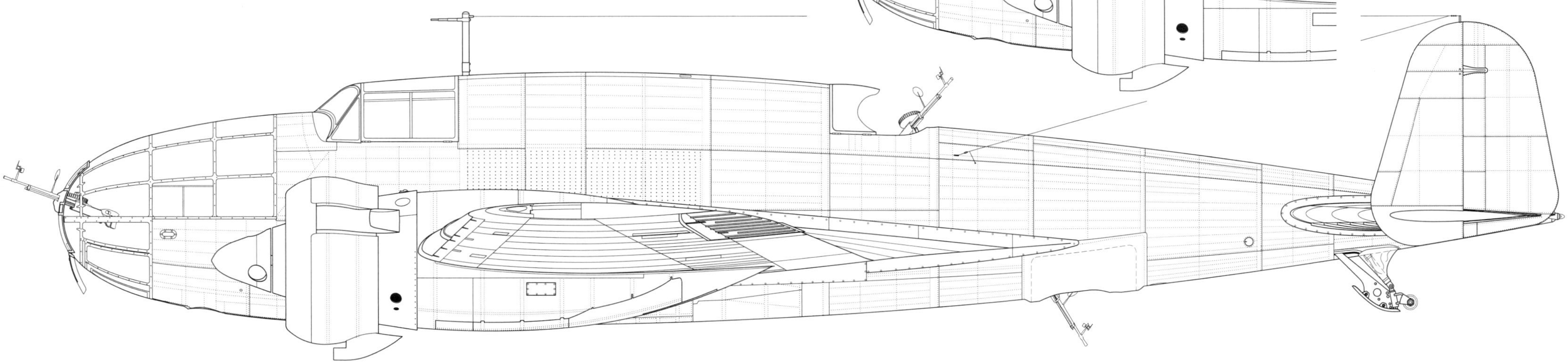

○ PZL.37B I (II seria), side view; note the plain exhaust
PZL.37B I (II seria), widok z boku; zwraca uwagę gładka rura wydechowa

PZL.37B II

Skala/scale 1/48

Sheet/Arkusz 9

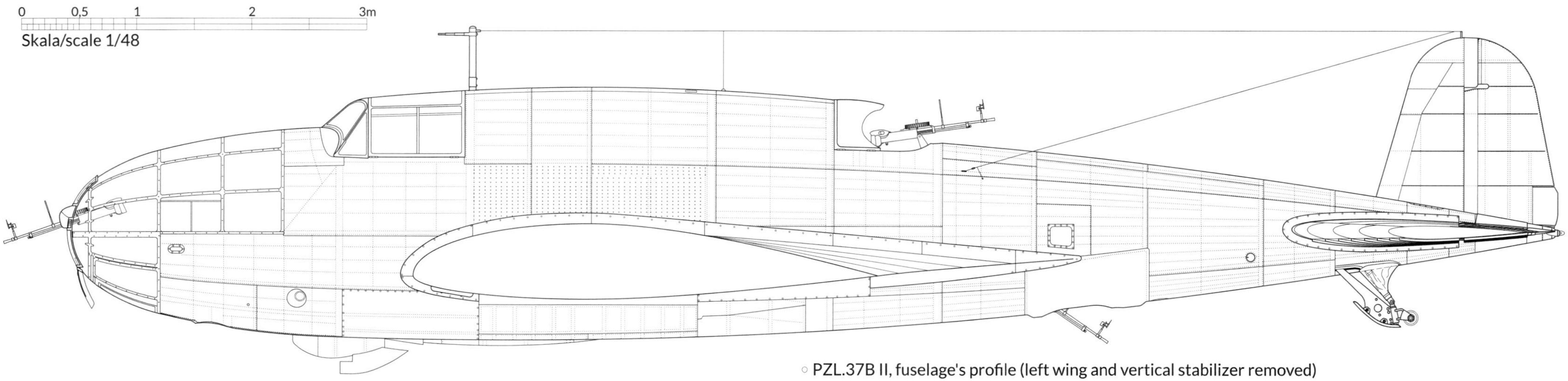

○ PZL.37B II, fuselage's profile (left wing and vertical stabilizer removed)
PZL.37B II, profil kadłuba (lewe skrzydło i statecznik pionowy usunięte)

TOPDRAWINGS
Drawings/rysował: © Maciej Noszczak

PZL.37

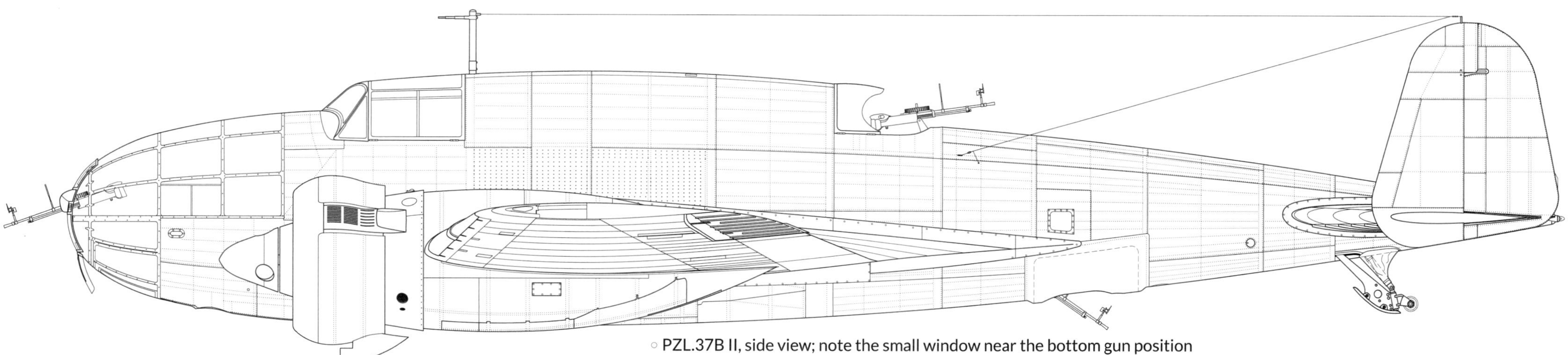

○ PZL.37B II, side view; note the small window near the bottom gun position
PZL.37B II, widok z boku; zwraca uwagę dodane niewielkie okienko nad dolnym stanowiskiem strzeleckim

PZL.37B II

Sheet/Arkusz 10

0 0,5 1 2 3m
Skala/scale 1/48

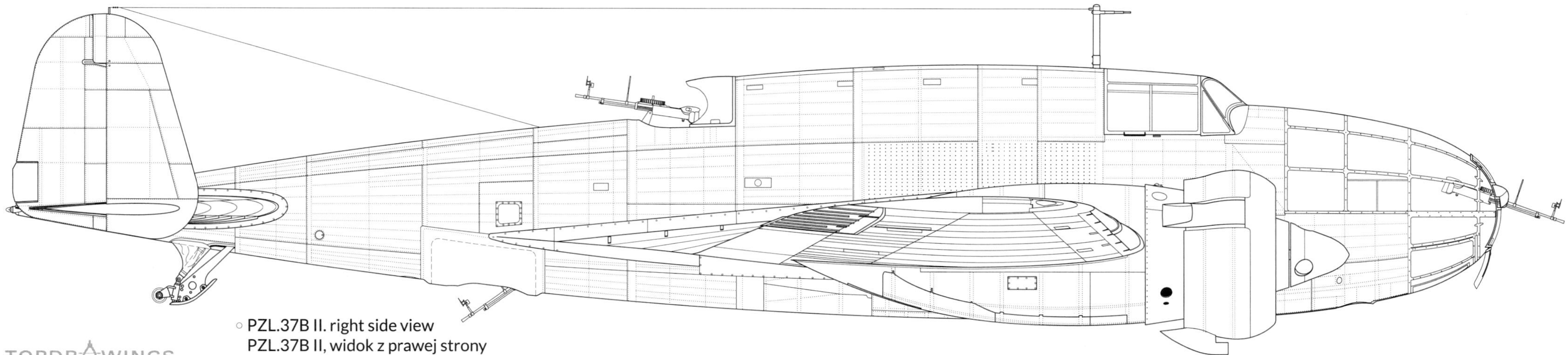

○ PZL.37B II. right side view
PZL.37B II, widok z prawej strony

TOPDRAWINGS
Drawings/rysował: © Maciej Noszczak

PZL.37

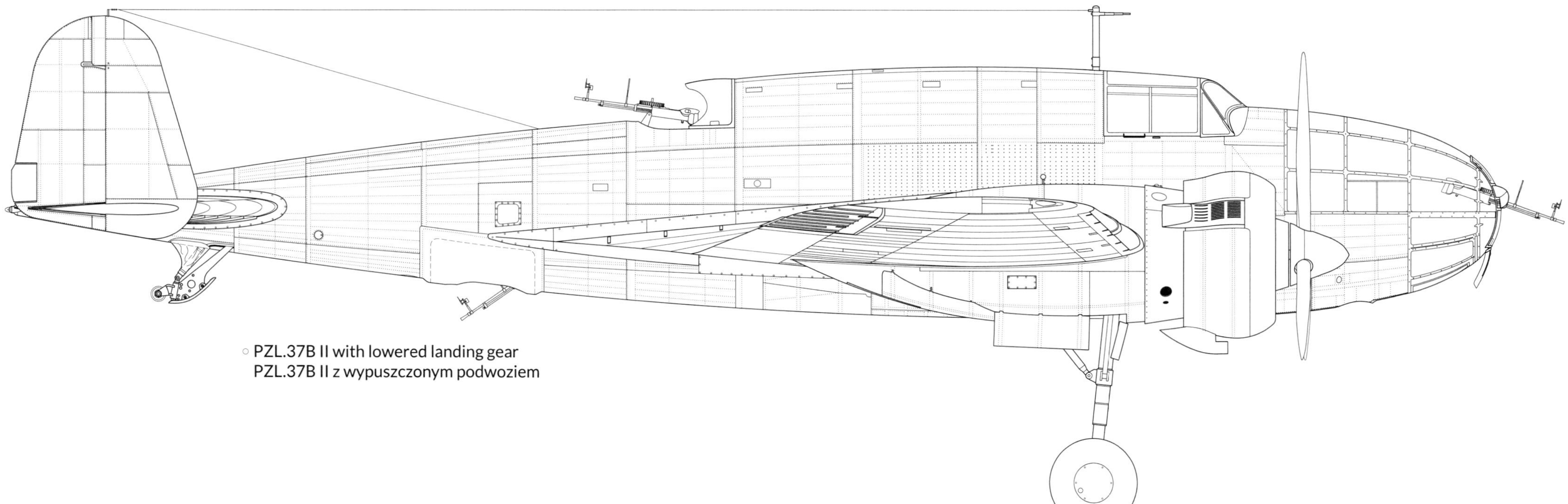

○ PZL.37B II with lowered landing gear
PZL.37B II z wypuszczonym podwoziem

KAGERO

www.kagero.eu
www.shop.kagero.pl

PZL.37B II (II series)

0 0,5 1 2 3m

Skala/scale 1/48

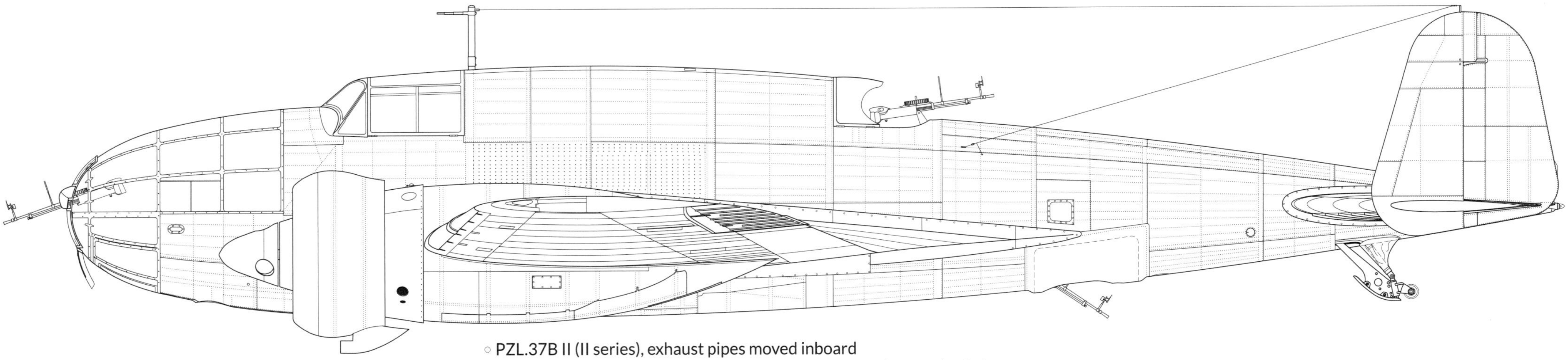

○ PZL.37B II (II series), exhaust pipes moved inboard
PZL.37B II (II seria), rury wydechowe zamontowane od strony kadłuba

TOPDRAWINGS
Drawings/rysował: © Maciej Noszczak
PZL.37

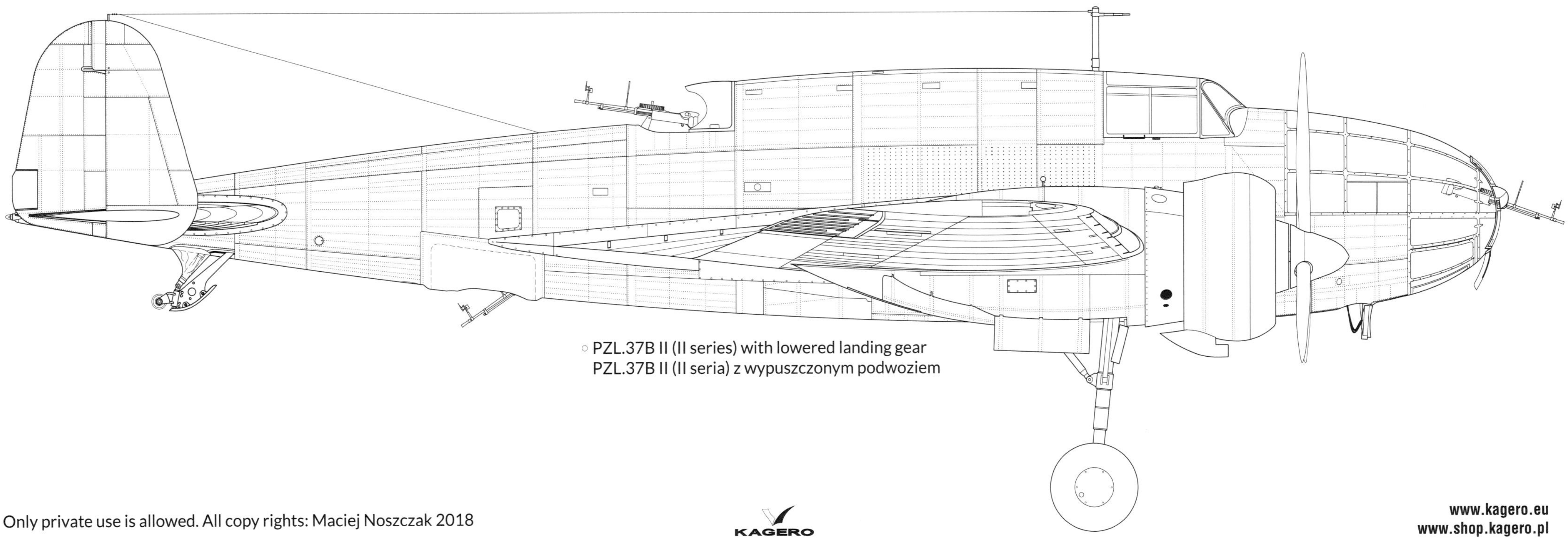

○ PZL.37B II (II series) with lowered landing gear
PZL.37B II (II seria) z wypuszczonym podwoziem

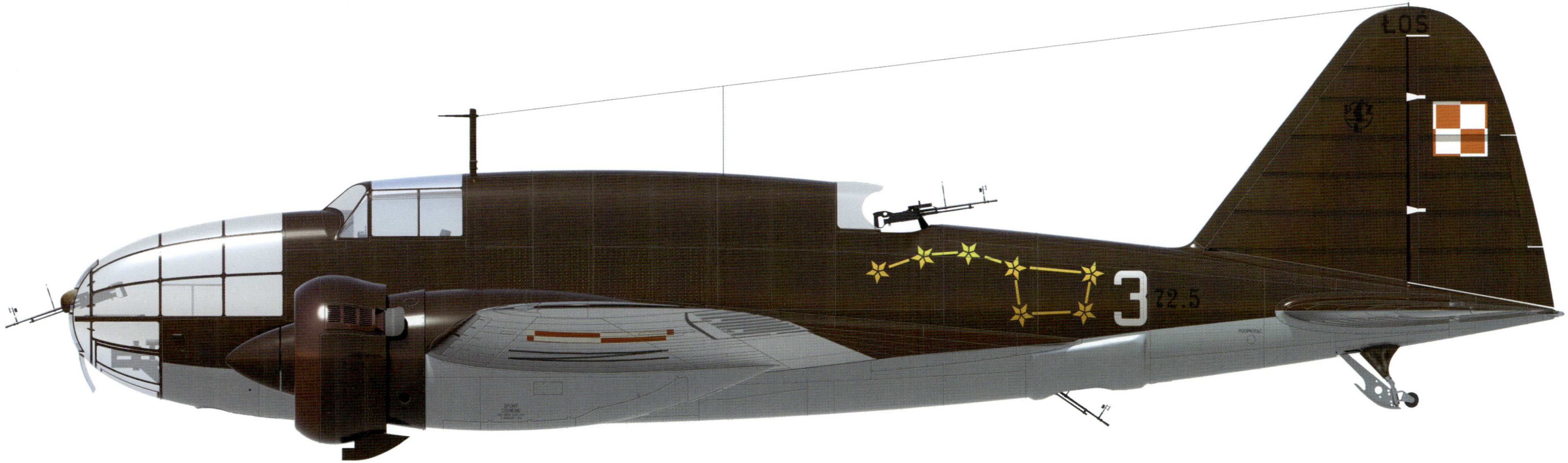

PZL.37A serial no. 72.5. Plane has an emblem of 212th Bomber Flight painted on the side – the "Great Bear". Machine was damaged during the bombing of Małaszewicze base and after capturing it by Germans it was burned up for the propaganda film „Kampfgeschwader Lützow".

PZL.37A o numerze seryjnym 72.5. Maszyna nosi godło 212. Eskadry Bombowej – „Wielką Niedźwiedzicę". Samolot ten został uszkodzony podczas bombardowania bazy w Małaszewiczach, a po przejęciu jej przez Niemców spalony na potrzeby filmu propagandowego „Kampfgeschwader Lützow".

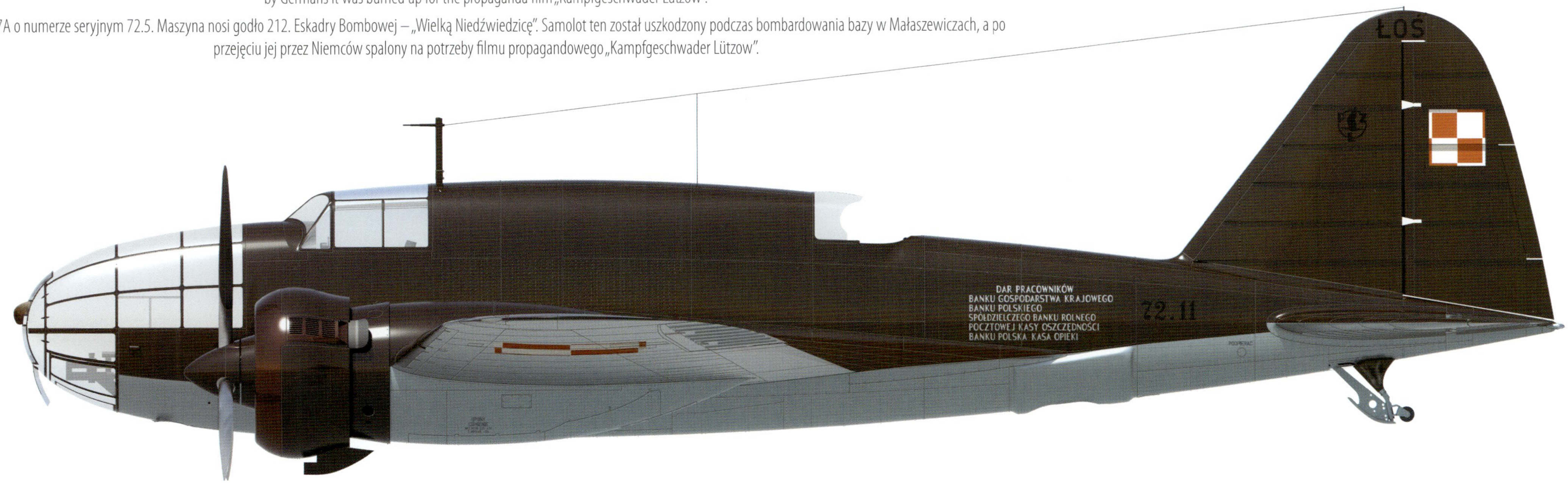

PZL.37A serial no. 72.11. The plane was founded by Polish banks employees, what was mentioned on the foundation inscription painted on the side. The handing over ceremony took place on 8th of December, 1938 at Okęcie airport.

PZL.37A o numerze seryjnym 72.11. Samolot został ufundowany przez pracowników polskich banków, co zostało zaznaczone w napis e fundacyjnym naniesionym z boku kadłuba. Uroczyste przekazanie miało miejsce 8 grudnia 1938 r. na lotnisku Okęcie.

Painted by / Malował:
Maciej Noszczak

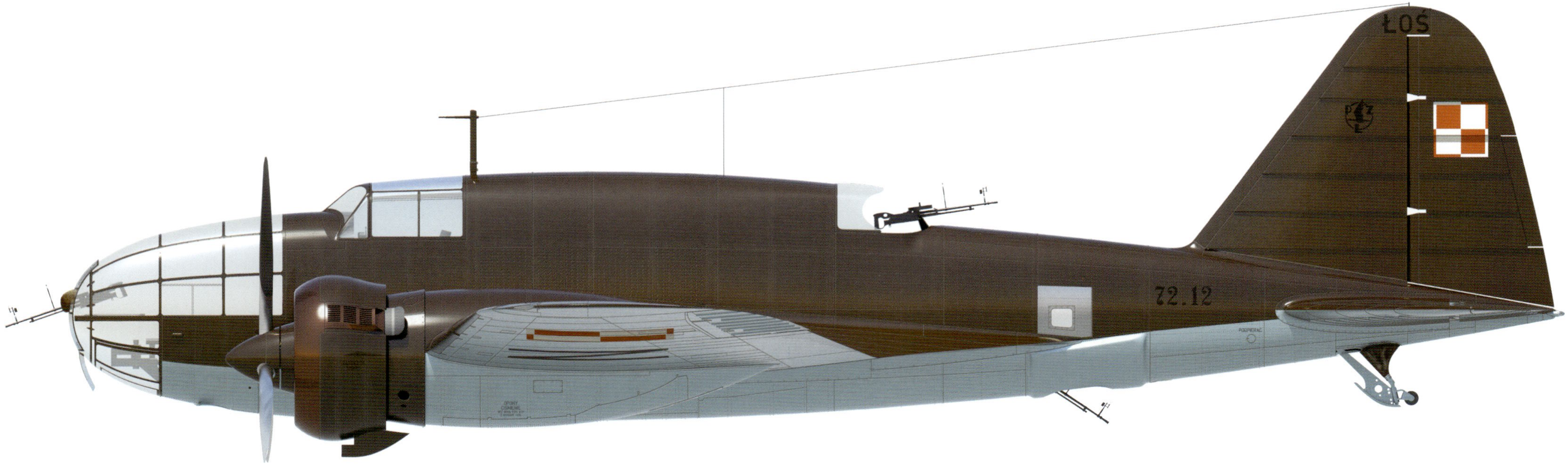

PZL.37A serial no. 72.12. The plane has got a freshly mounted additional window near the ventral gun position (note the unpainted metal panel near it). On 4th of September, 1939 the plane was at Kuciny airfield near Łódź where it was destroyed by German troops.

PZL.37A o numerze seryjnym 72.12. Samolot posiada świeżo zamontowane dodatkowe okienko nad dolnym stanowiskiem strzeleckim (zwraca uwagę niepomalowana blacha w jego okolicy). 4 września 1939 r. maszyna znajdowała się na lotnisku Kuciny koło Łodzi, gdzie została zniszczona przez Niemców.

Painted by / Malował:
Maciej Noszczak

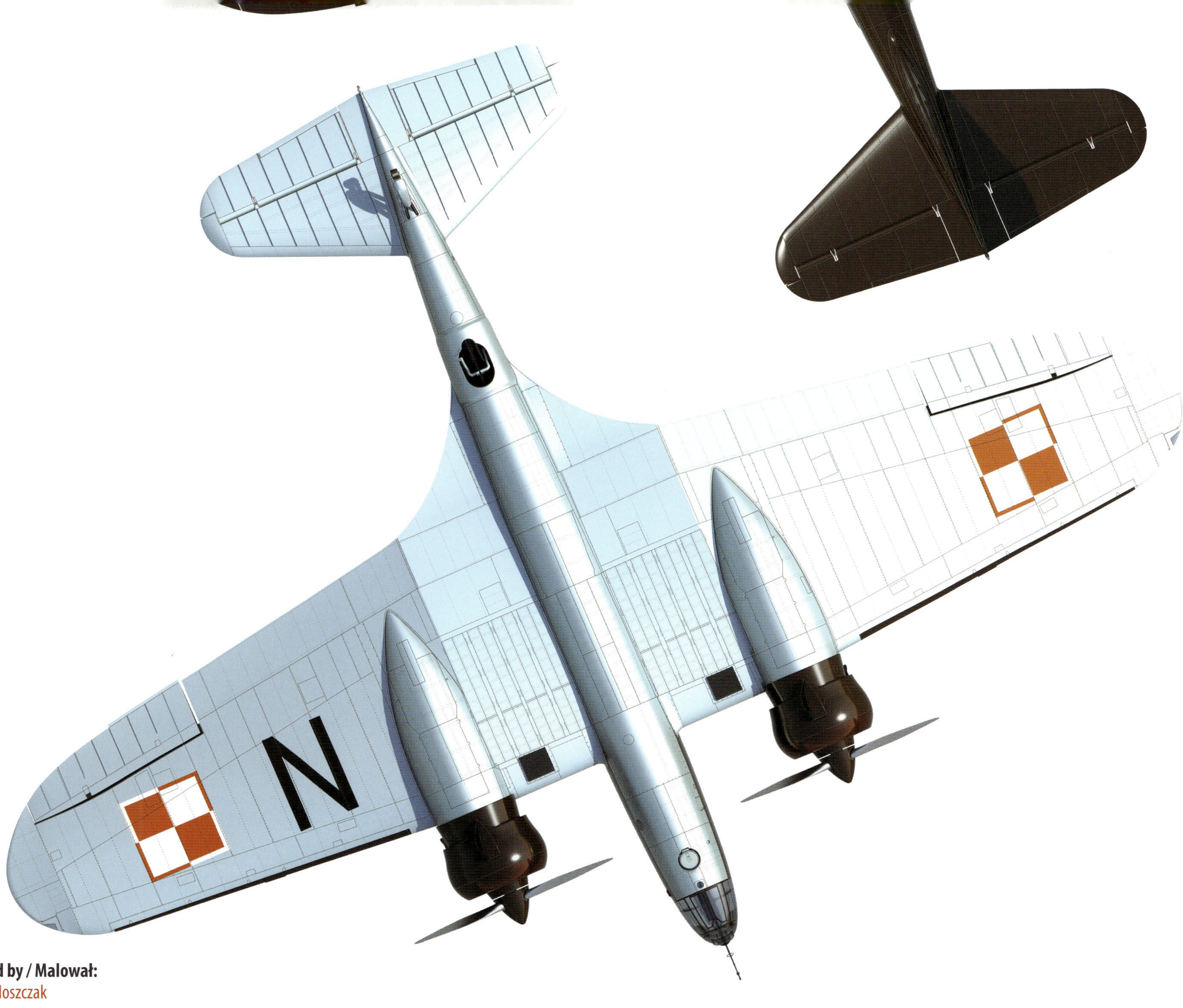

Painted by / Malował:
Maciej Noszczak

Painted by / Malował:
Maciej Noszczak

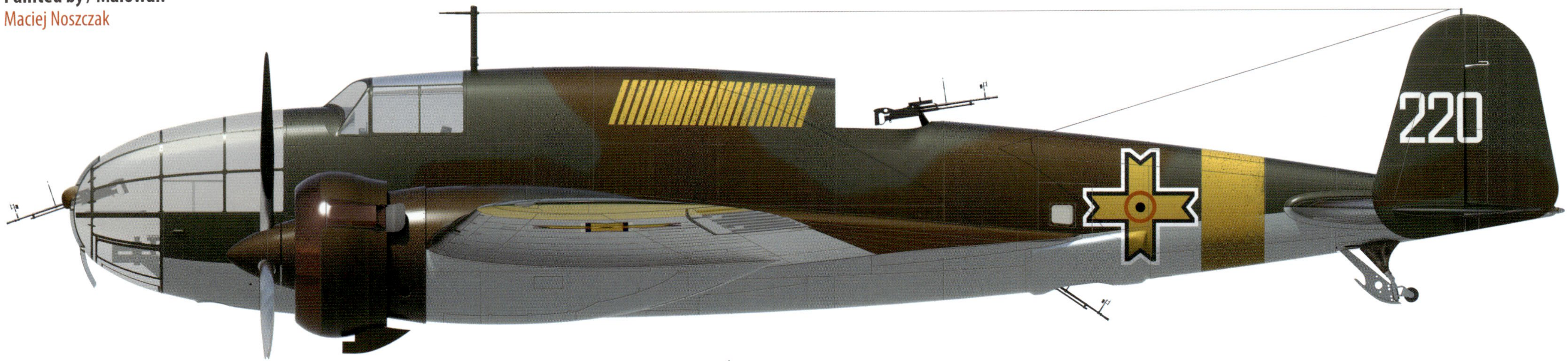

PZL.37A bis serial no. 72.12. The plane was incarnated to the Romanian air force where it served in the 4th Bomber Group until its disbanding on October, 1941. Airworthy "Moose" were transferred to the training units for Junkers Ju 88 pilots. The machine shown on the picture has got 23 diagonal bars for the combat missions flown on the Eastern Front. Late 1941/early 1942.

PZL.37A bis o numerze seryjnym 72.42. Samolot został wcielony do lotnictwa rumuńskiego, gdzie służył w 4. Grupie Bombowej, aż do jej rozwiązania w październiku 1941 r. Sprawne Łosie trafiły później do jednostek szkolnych dla pilotów Junkersów Ju 88. Maszyna na ilustracji posiada 23 ukośne paski oznaczające misje bojowe wykonane na froncie wschodnim. Przełom 1941 i 1942 r.

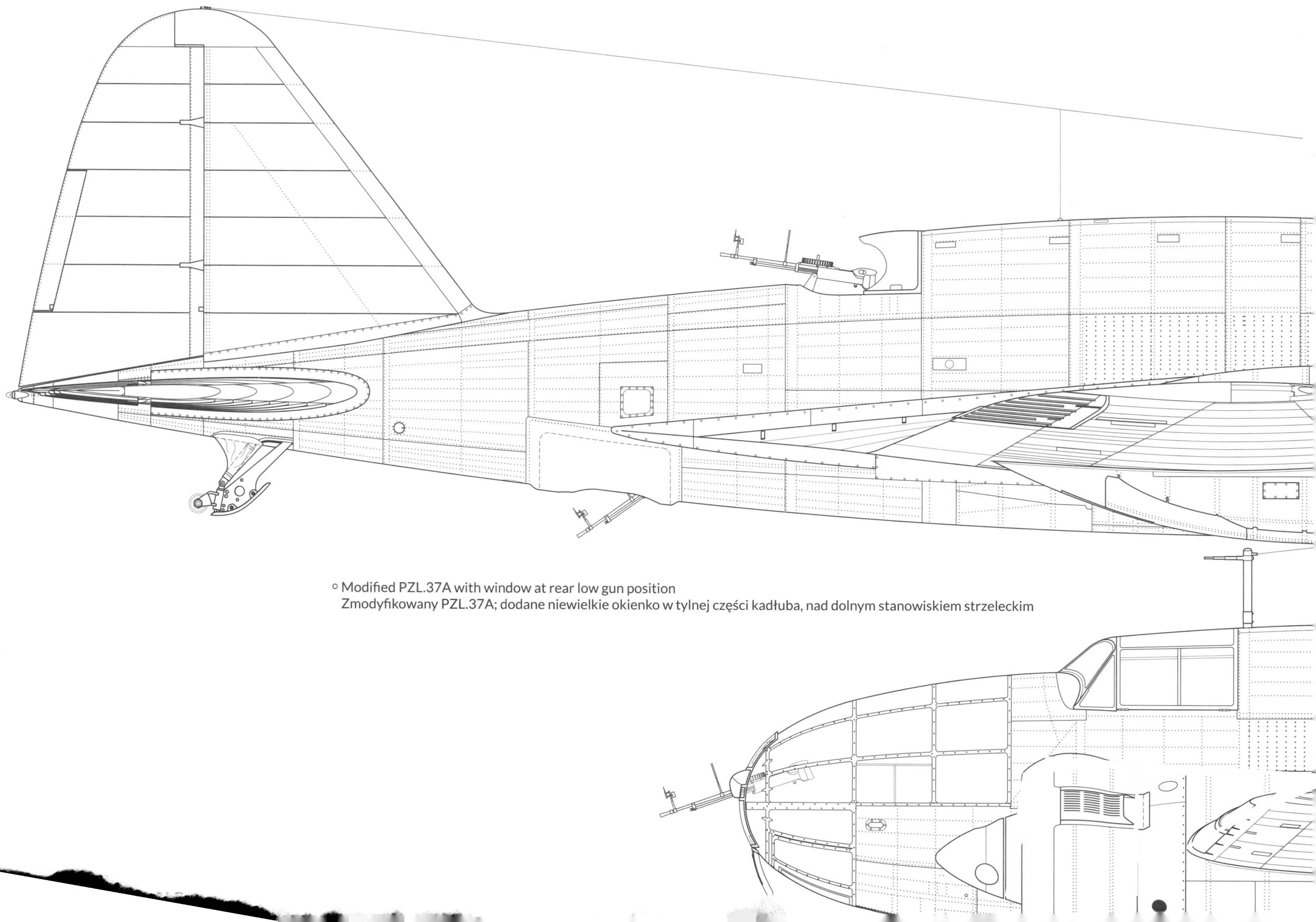

◦ Modified PZL.37A with window at rear low gun position
Zmodyfikowany PZL.37A; dodane niewielkie okienko w tylnej części kadłuba, nad dolnym stanowiskiem strzeleckim

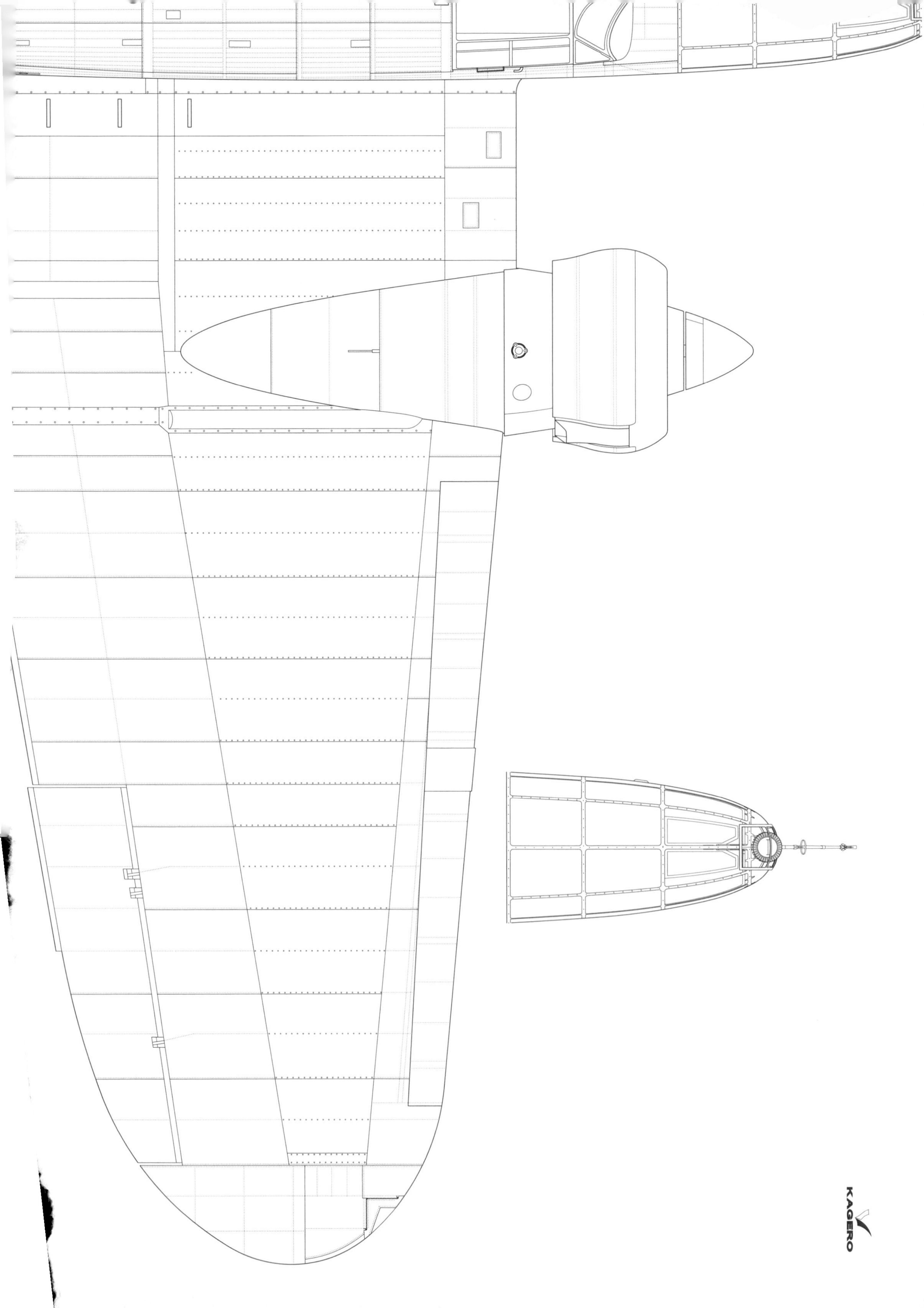

PZL.37A

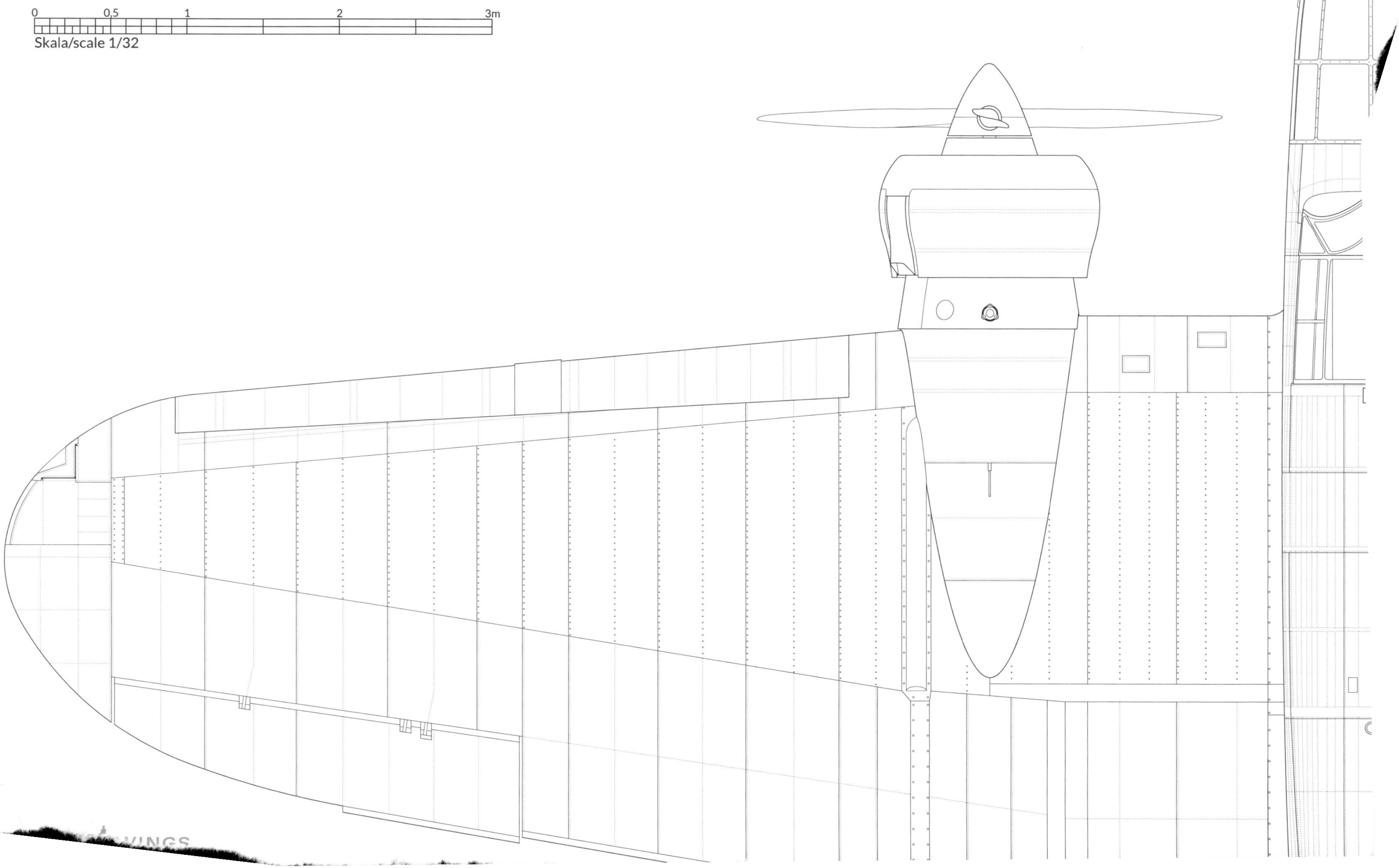

PZL.37A, PZL .37B

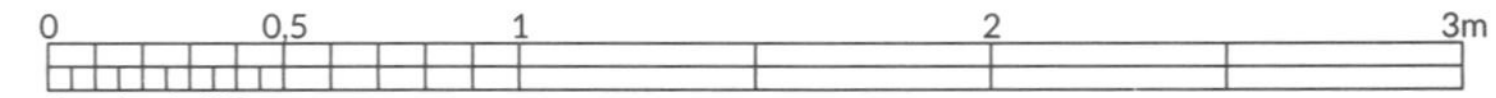

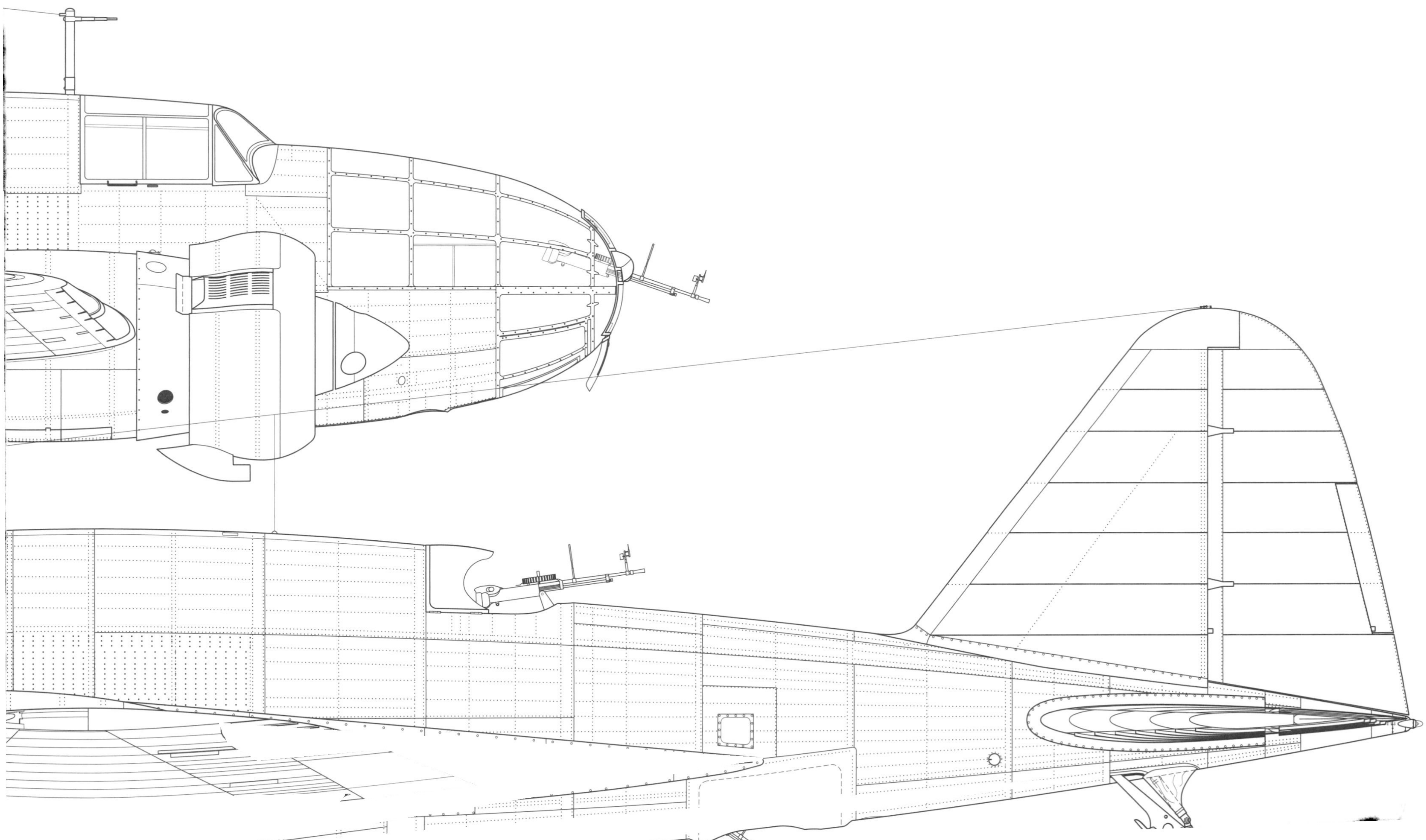

TOPDRAWINGS
Drawings/rysował: © Maciej Noszczak

PZL.37

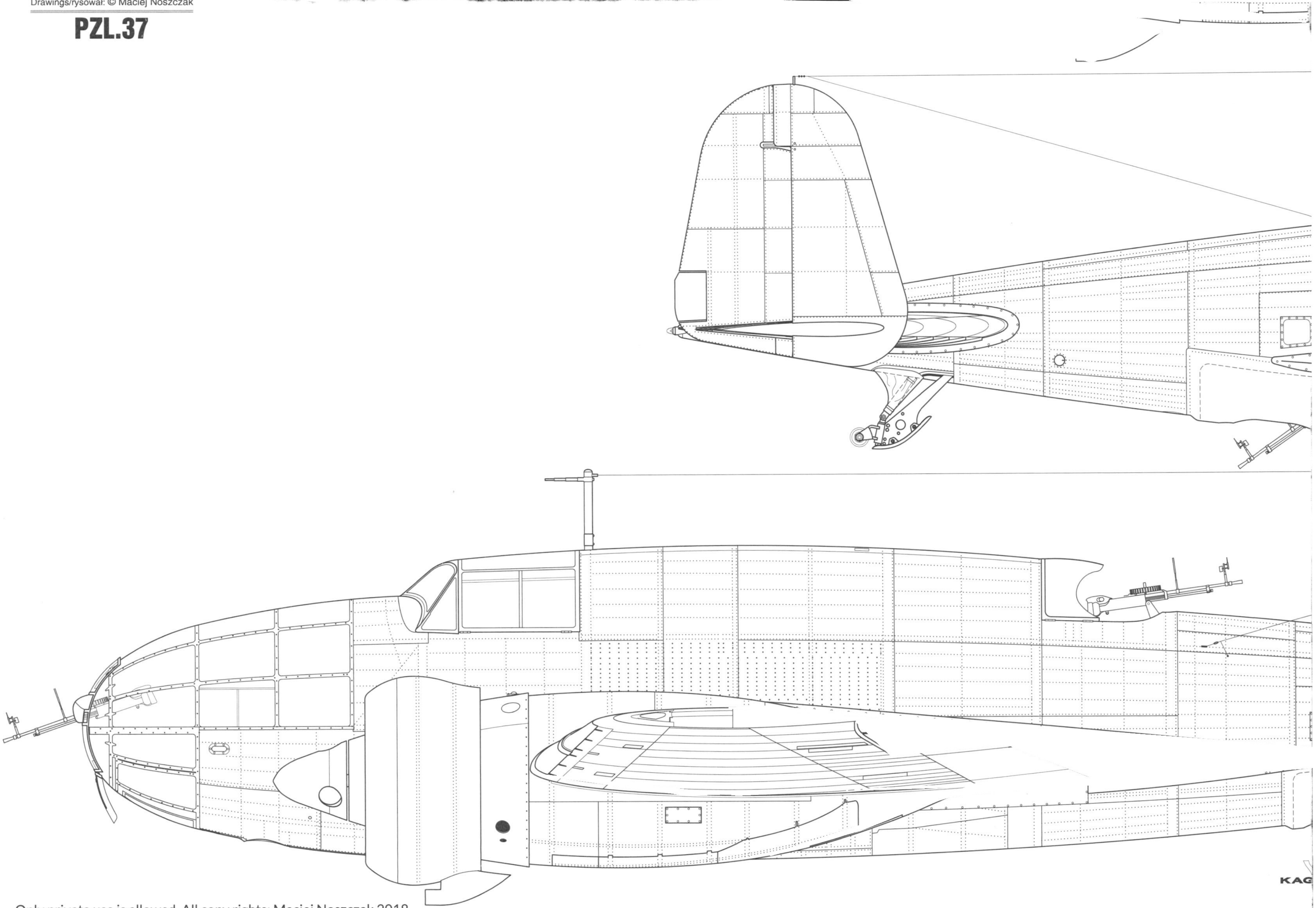

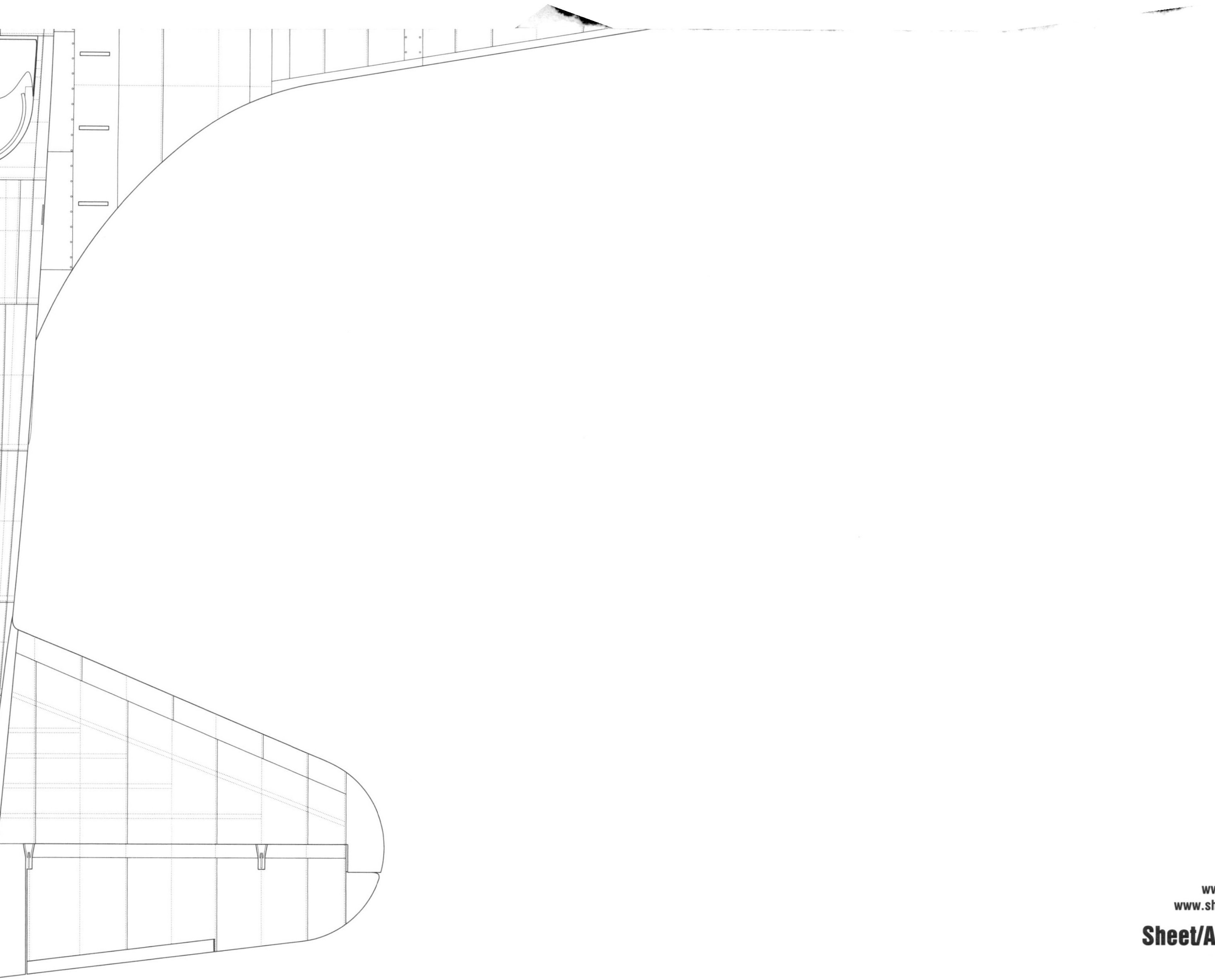

www.kagero.eu
www.shop.kagero.pl

Sheet/Arkusz II

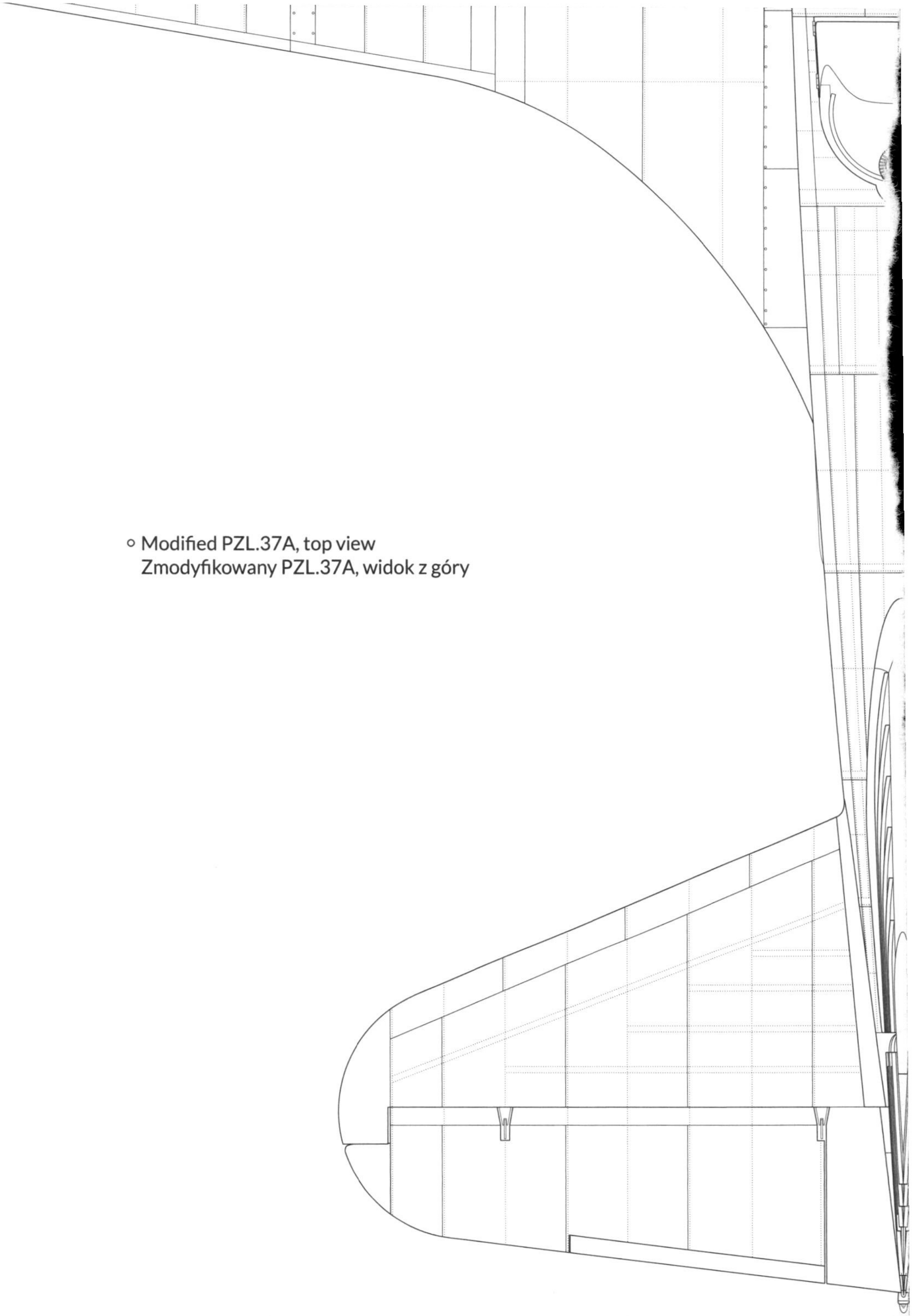

○ Modified PZL.37A, top view
Zmodyfikowany PZL.37A, widok z góry

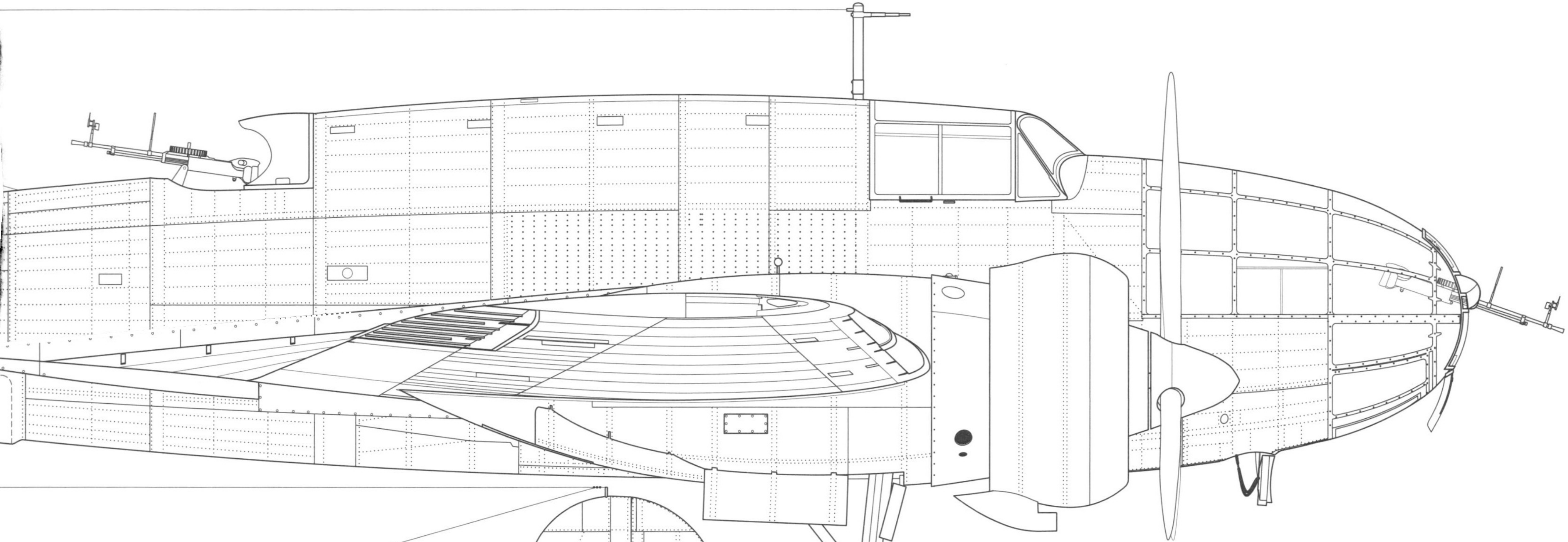

○ PZL.37B II (II seria)

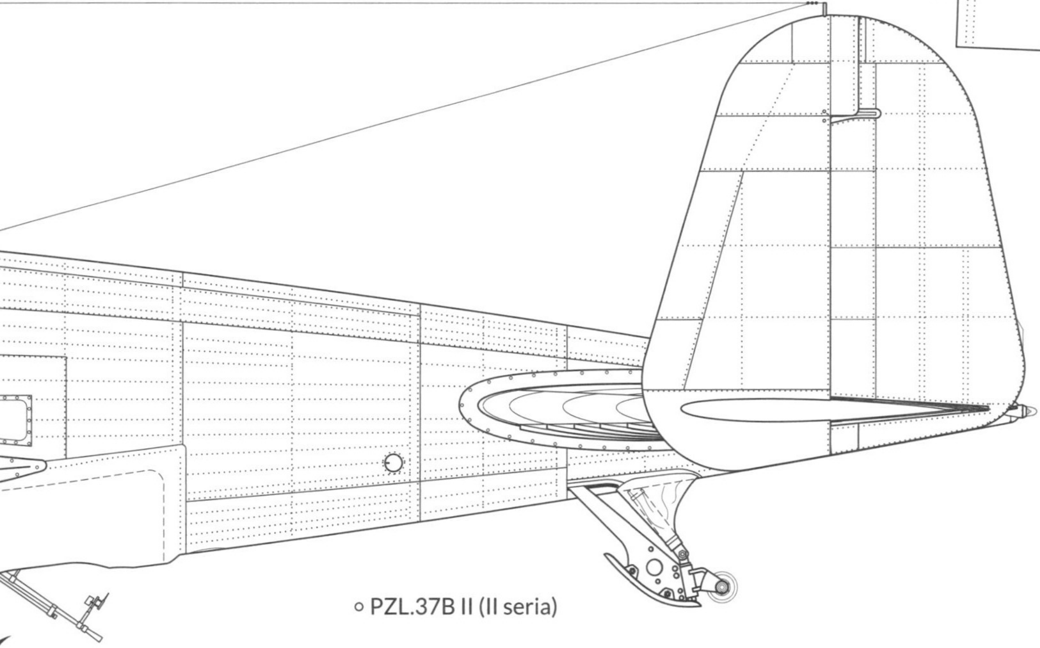

○ PZL.37B II (II seria)

Sheet/Arkusz I

TOPDRAWINGS
Drawings/rysował: © Maciej Noszczak

PZL.37

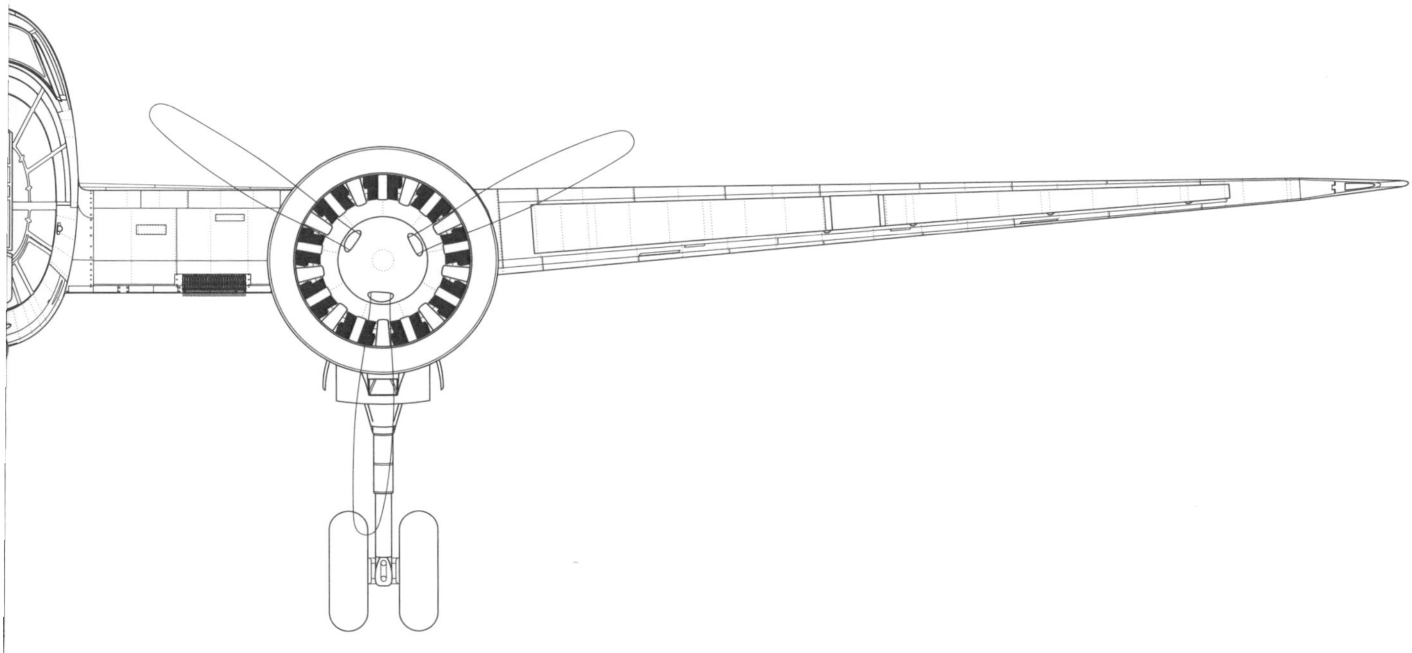

www.kagero.eu
www.shop.kagero.pl

Sheet/Arkusz A

ERO

PZL.37A

Scale 1/48

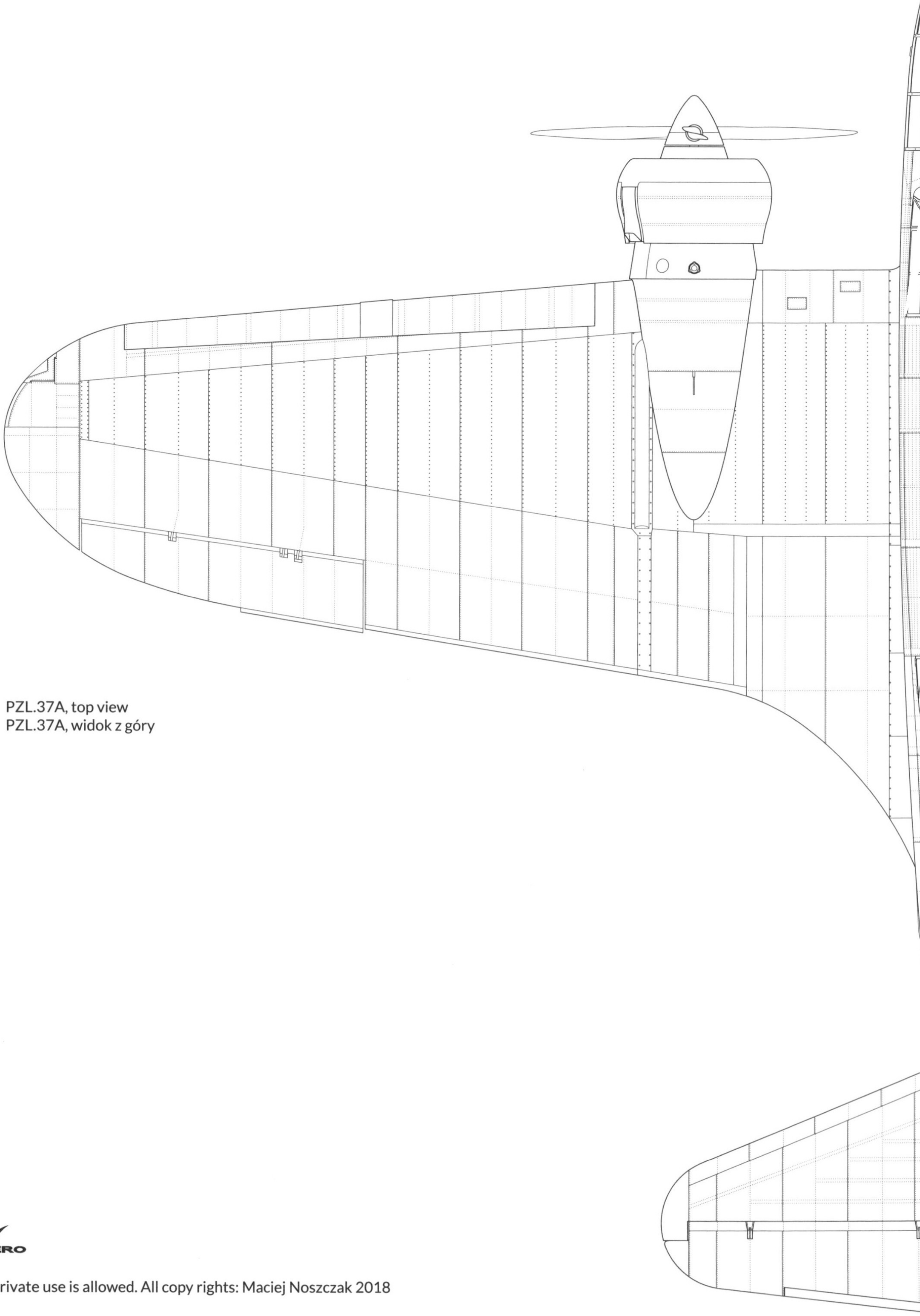

PZL.37A, top view
PZL.37A, widok z góry

KAGERO

TOPDRAWINGS
Drawings/rysował: © Maciej Noszczak

PZL.37

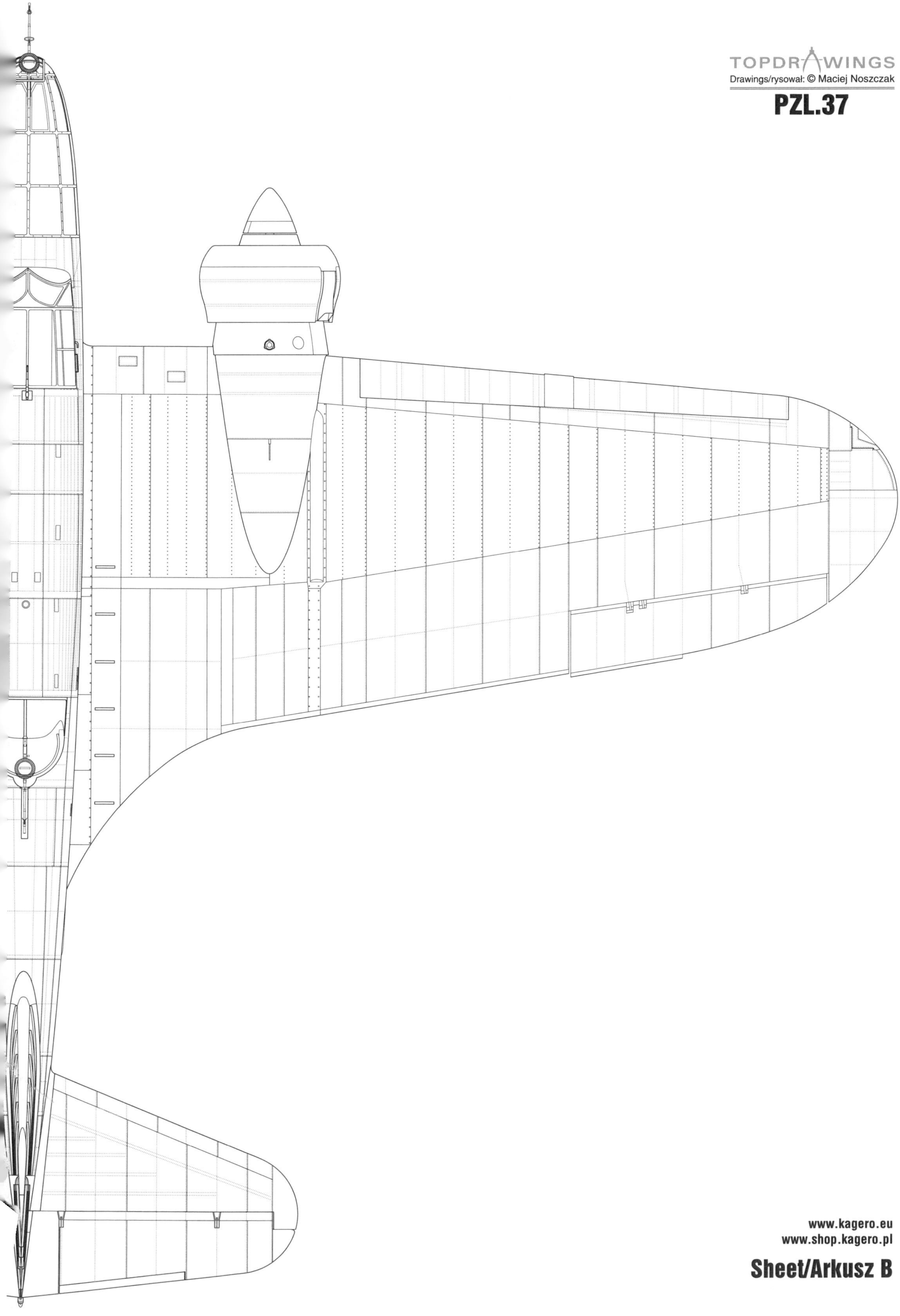

Sheet/Arkusz B

PZL.37A

0 0,5 1 2 3m

Scale 1/48

PZL.37A, front view
PZL.37A, widok z przodu

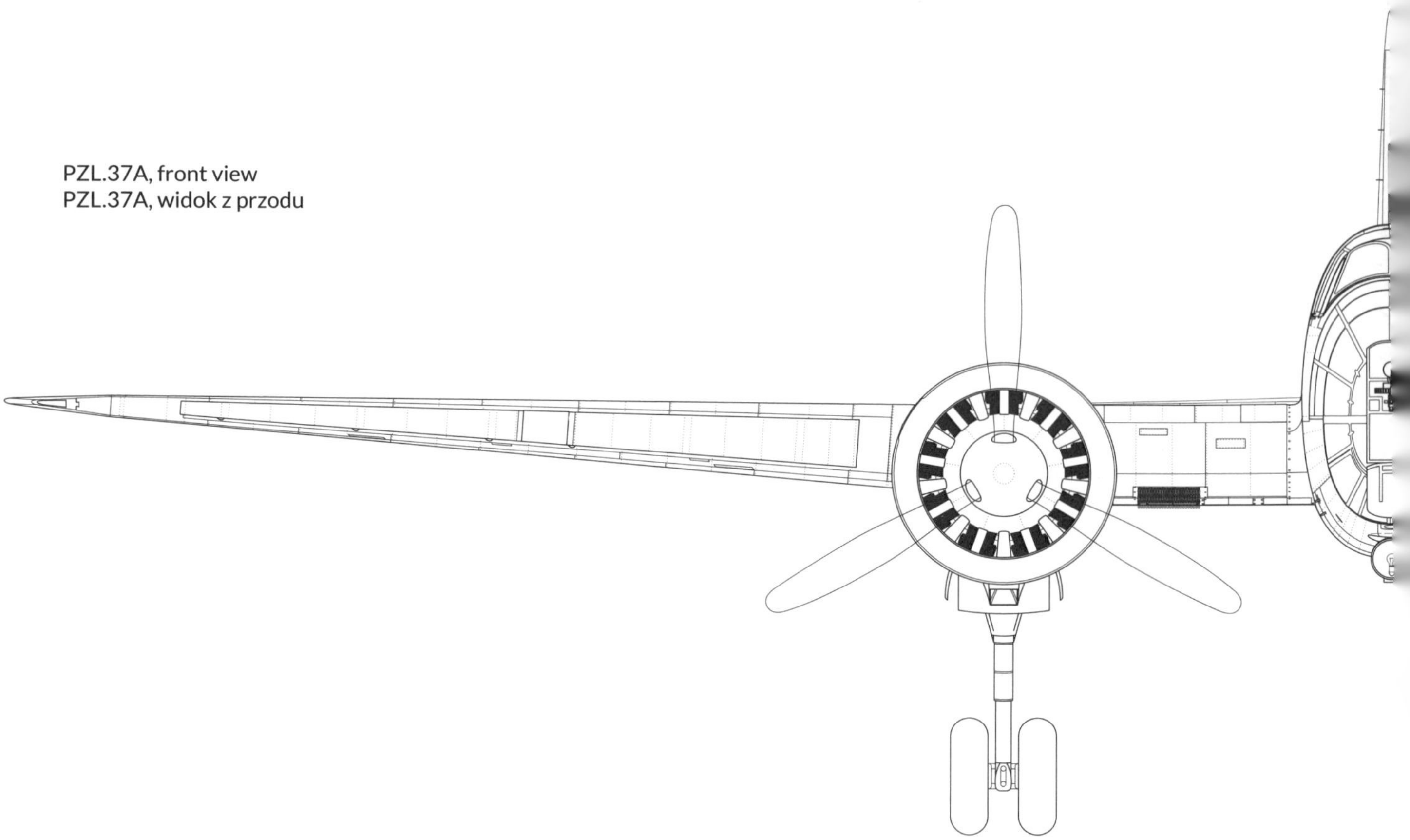

PZL.37A, rear view
PZL.37A, widok z tyłu

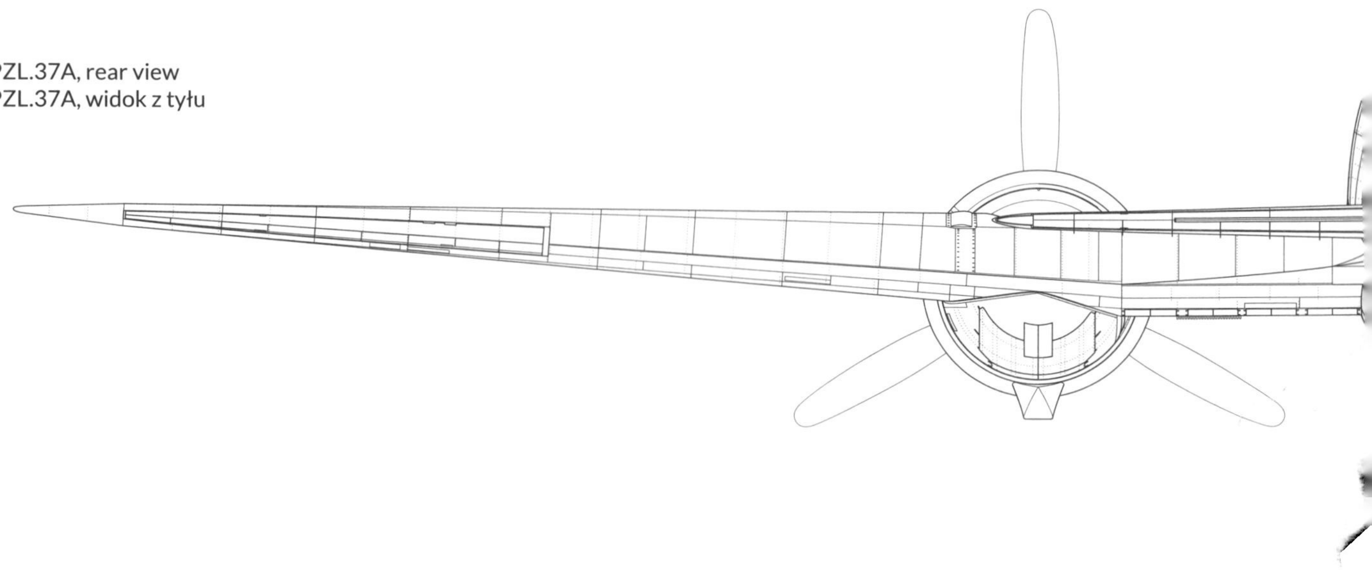

TOPDRAWINGS
Drawings/rysował: © Maciej Noszczak

PZL.37

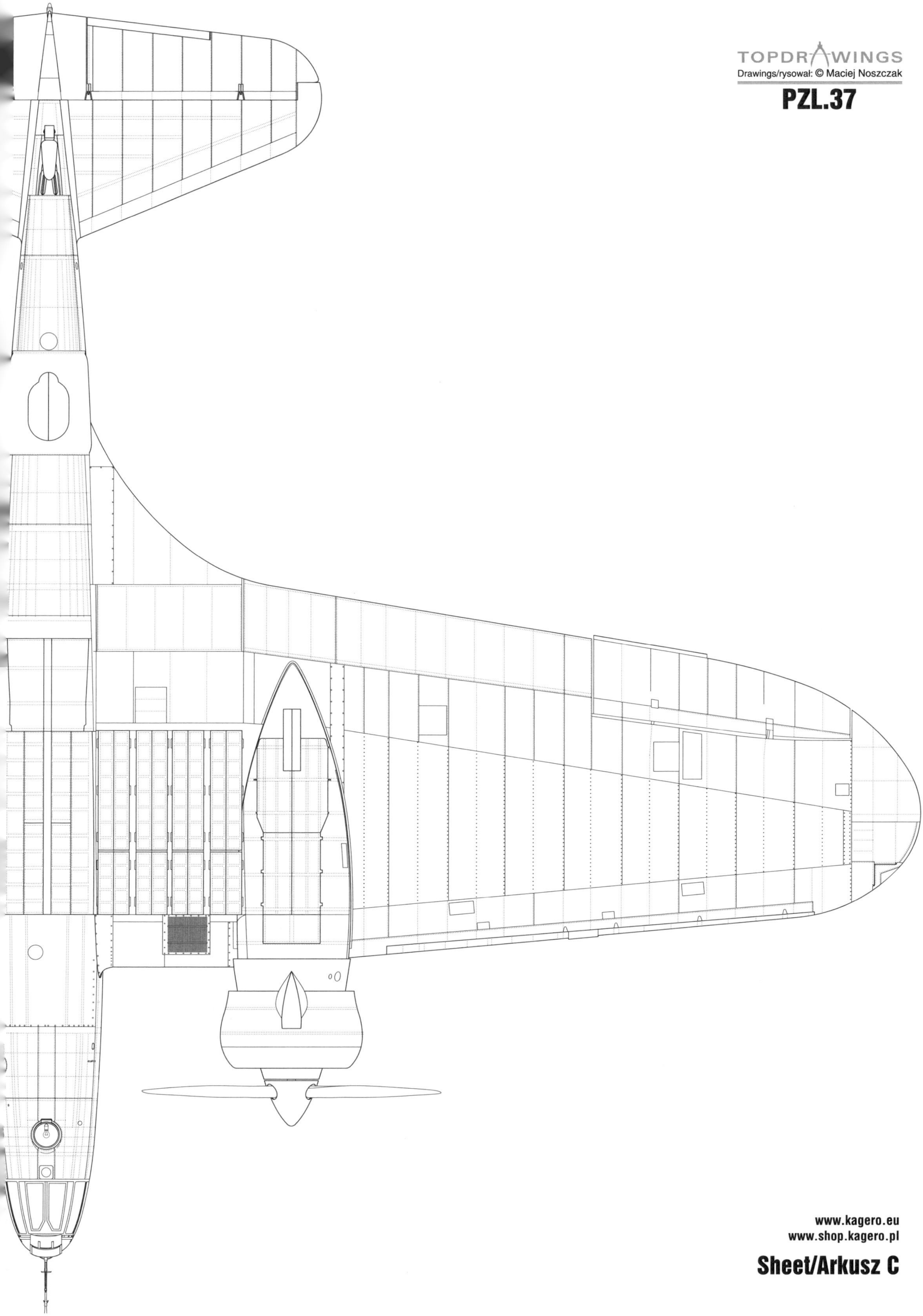

www.kagero.eu
www.shop.kagero.pl

Sheet/Arkusz C

PZL.37B

0 0,5 1 2 3m

Scale 1/48

PZL.37B, front view
PZL.37B, widok z przodu

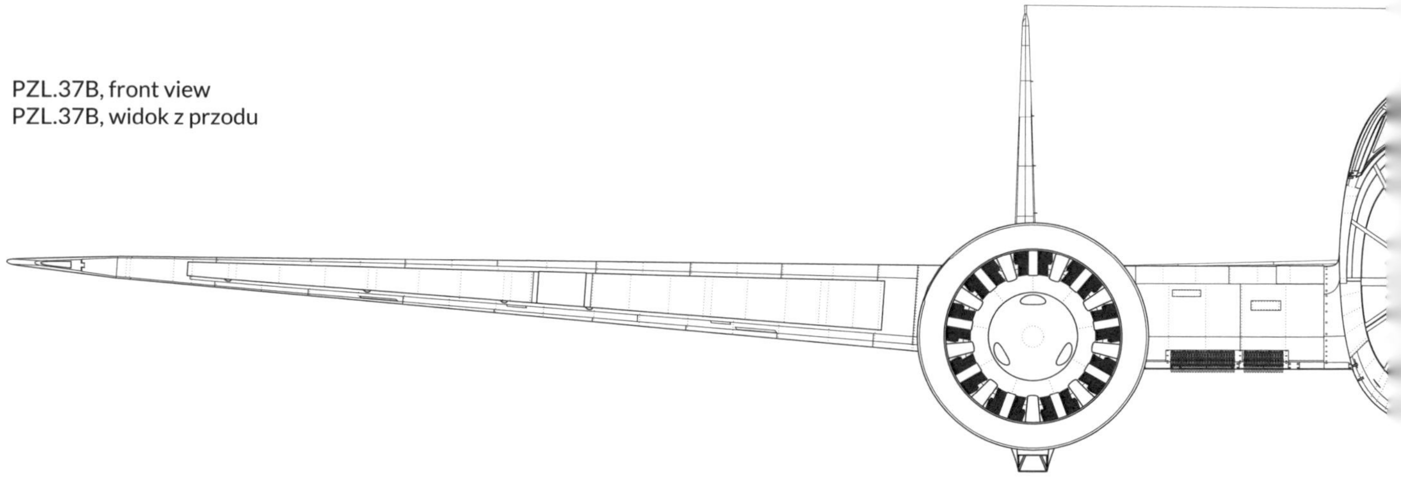

PZL.37B, rear view
PZL.37B, widok z tyłu

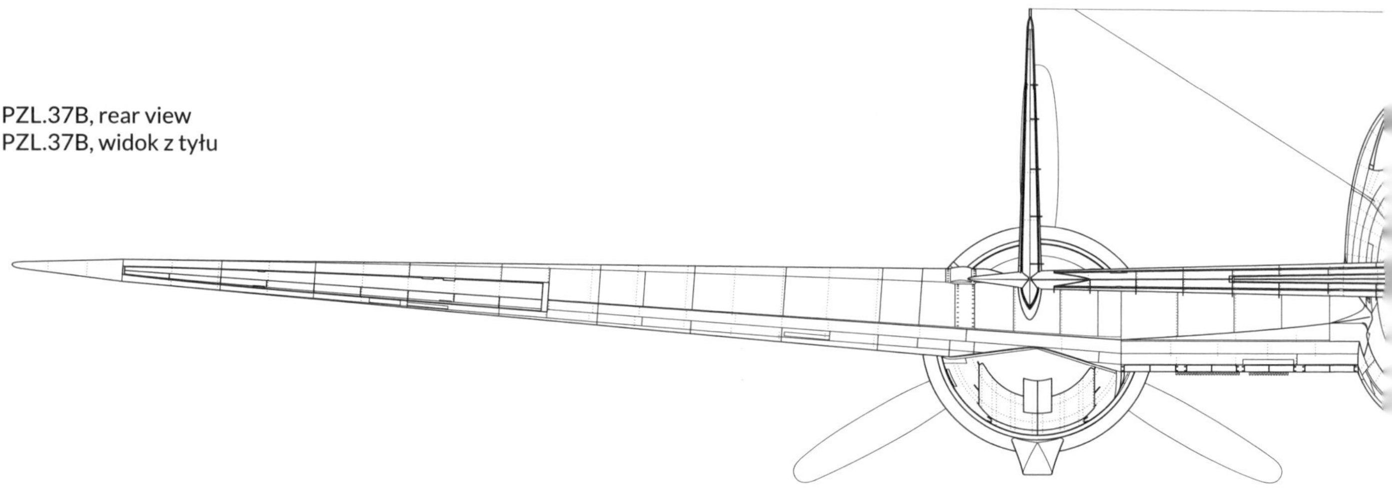

TOPDRAWINGS
Drawings/rysował: © Maciej Noszczak

PZL.37

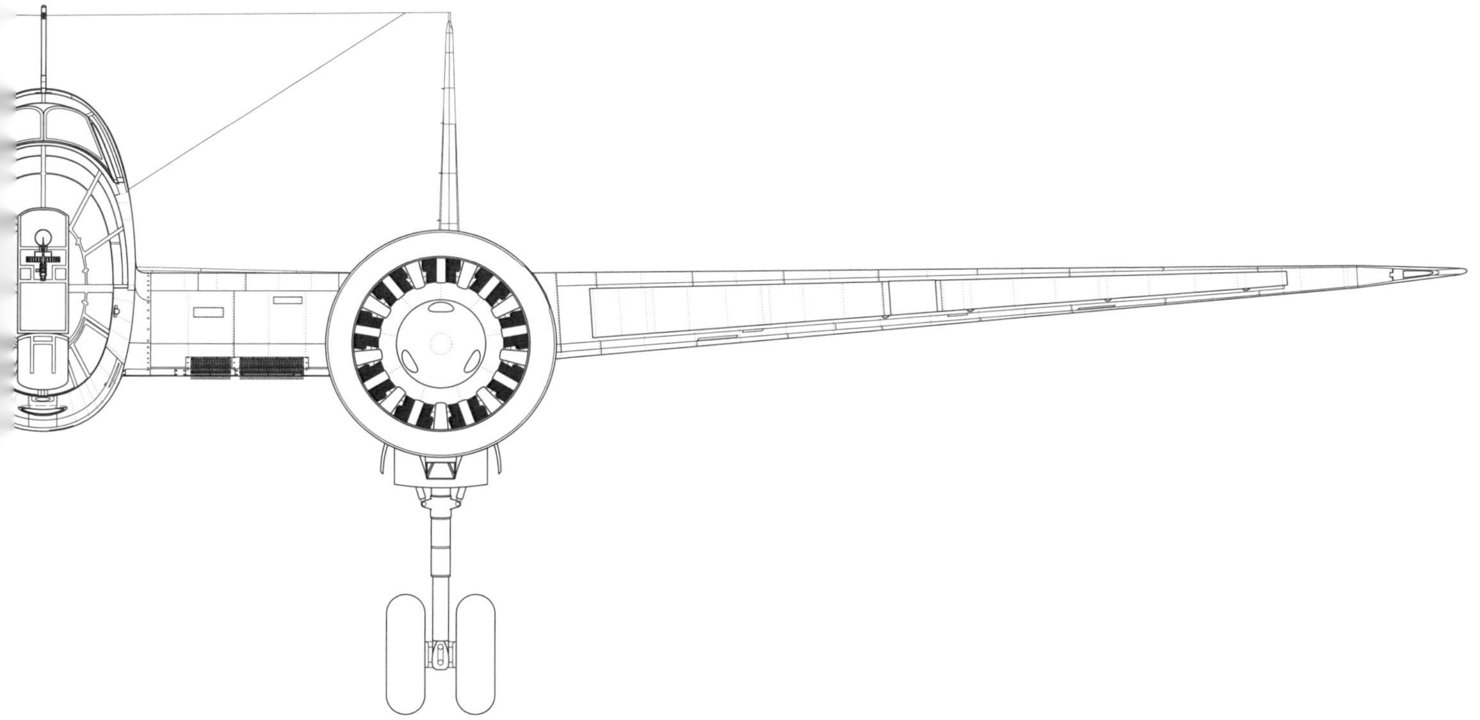

www.kagero.eu
www.shop.kagero.pl

Sheet/Arkusz D

PZL.37A

0 0,5 1 2 3m

Scale 1/48

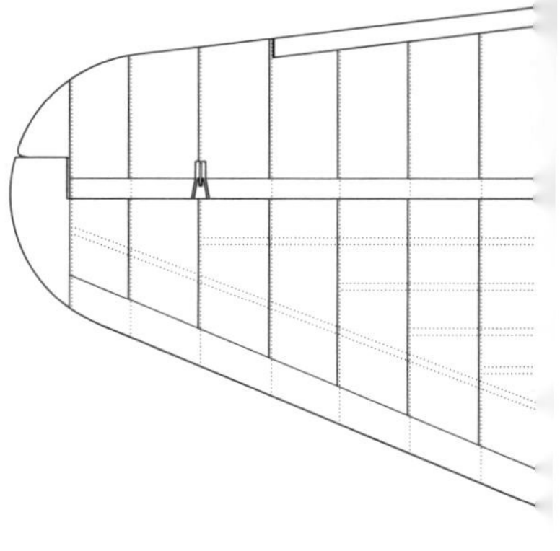

PZL.37A, bottom view
PZL.37A, widok od dołu

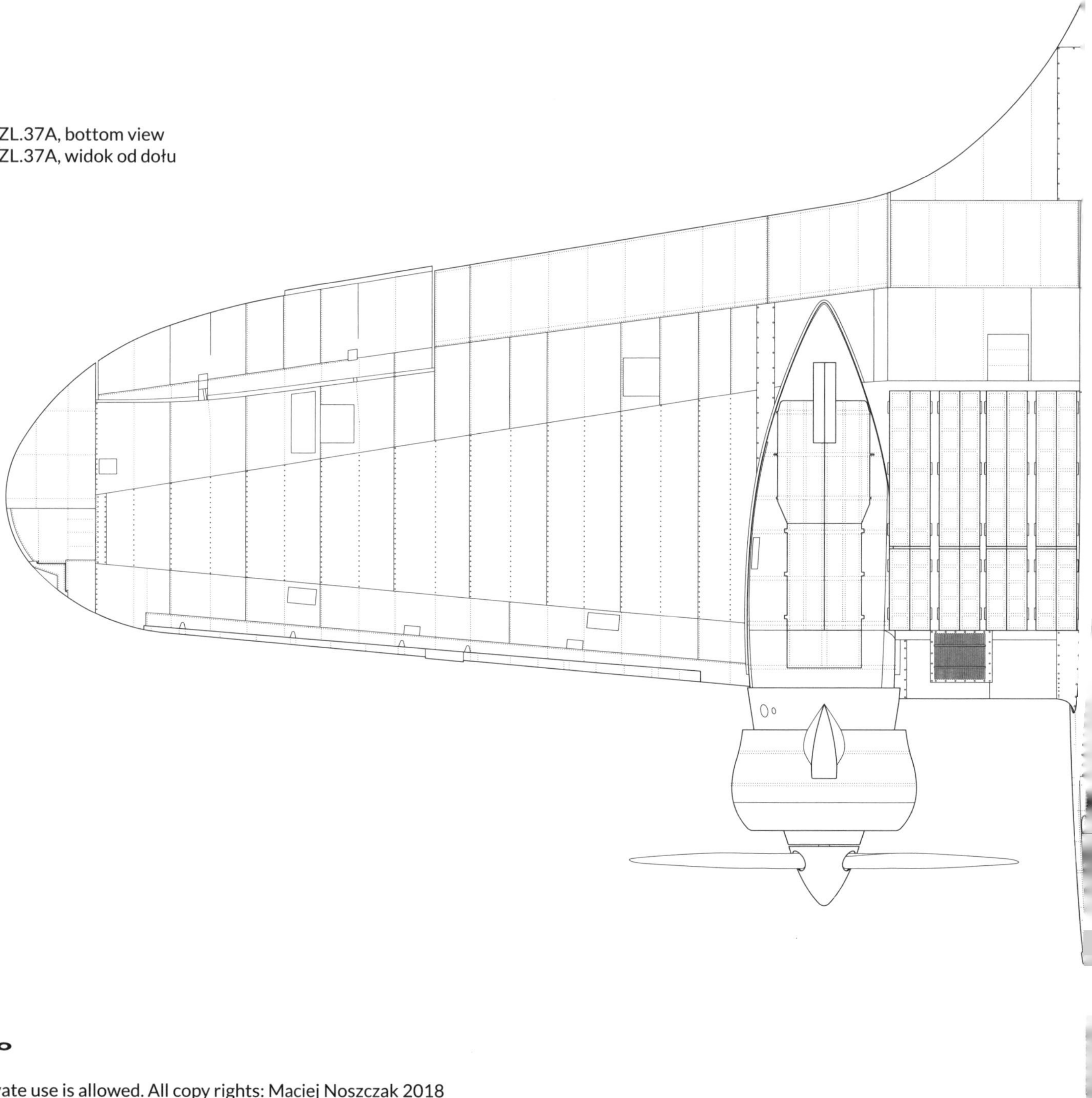

KAGERO

TOPDRAWINGS
Drawings/rysował: © Maciej Noszczak

PZL.37

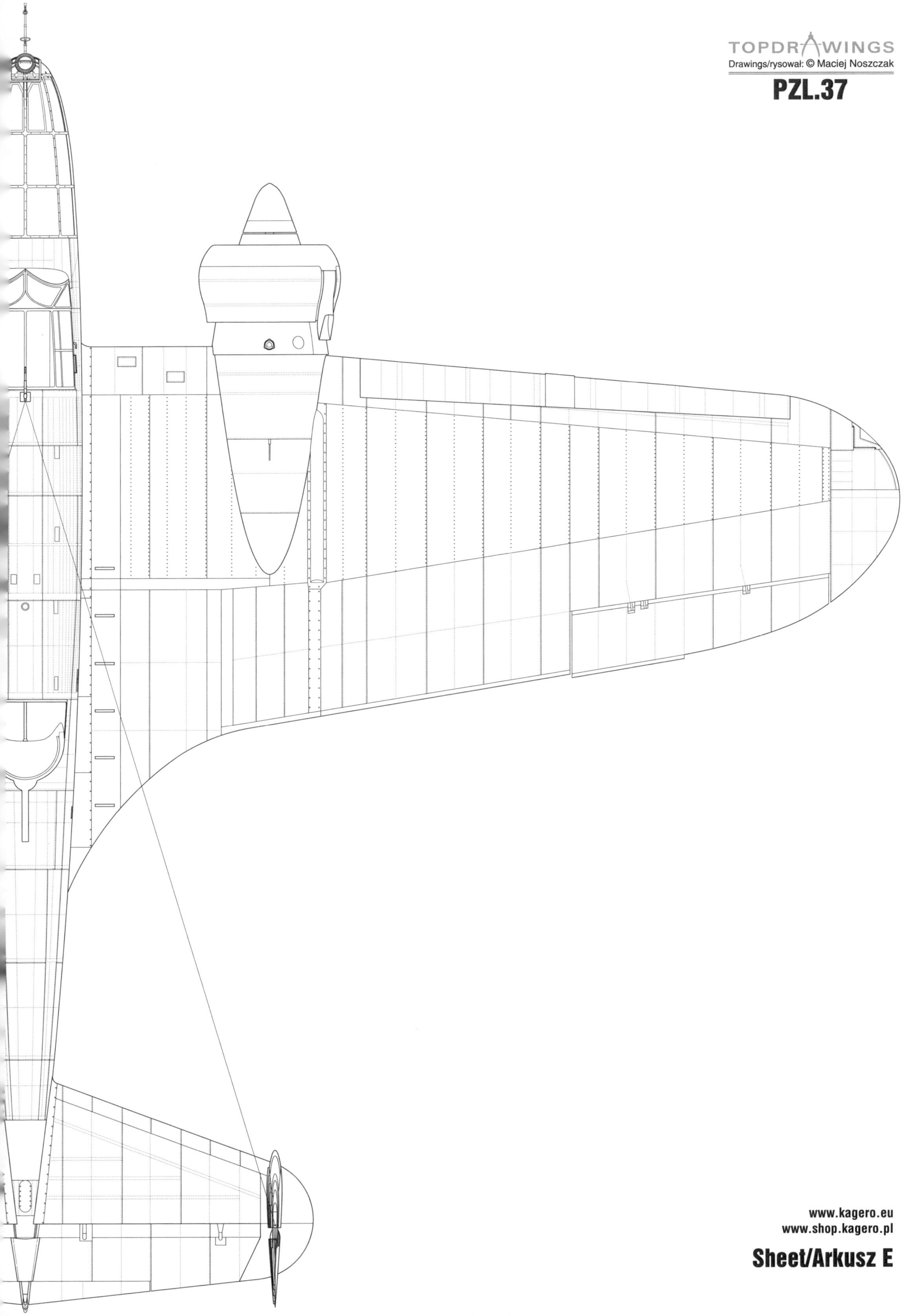

Sheet/Arkusz E

PZL.37B

0 0,5 1 2 3m
Scale 1/48

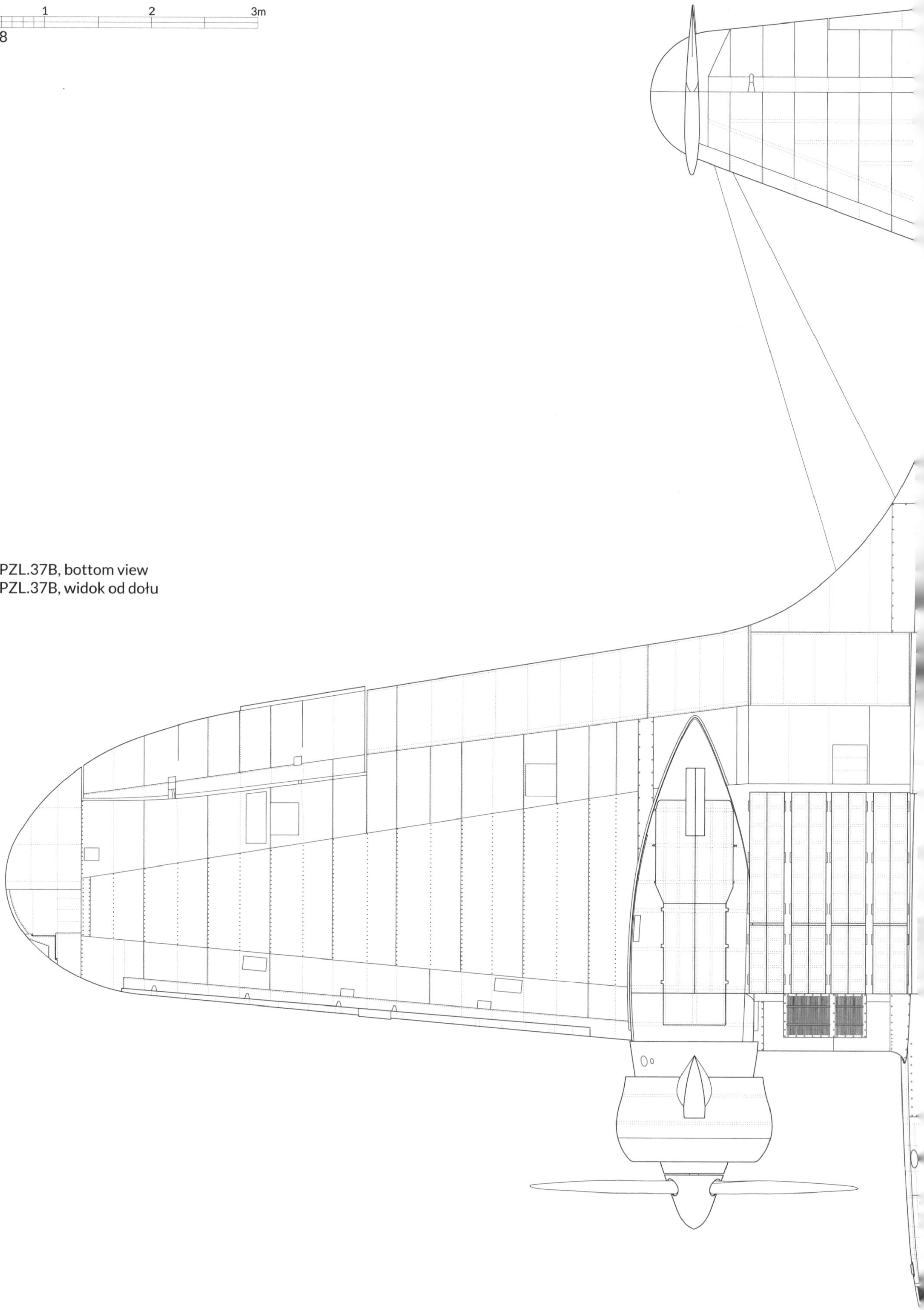

PZL.37B, bottom view
PZL.37B, widok od dołu

KAGERO

TOPDRAWINGS
Drawings/rysował: © Maciej Noszczak

PZL.37

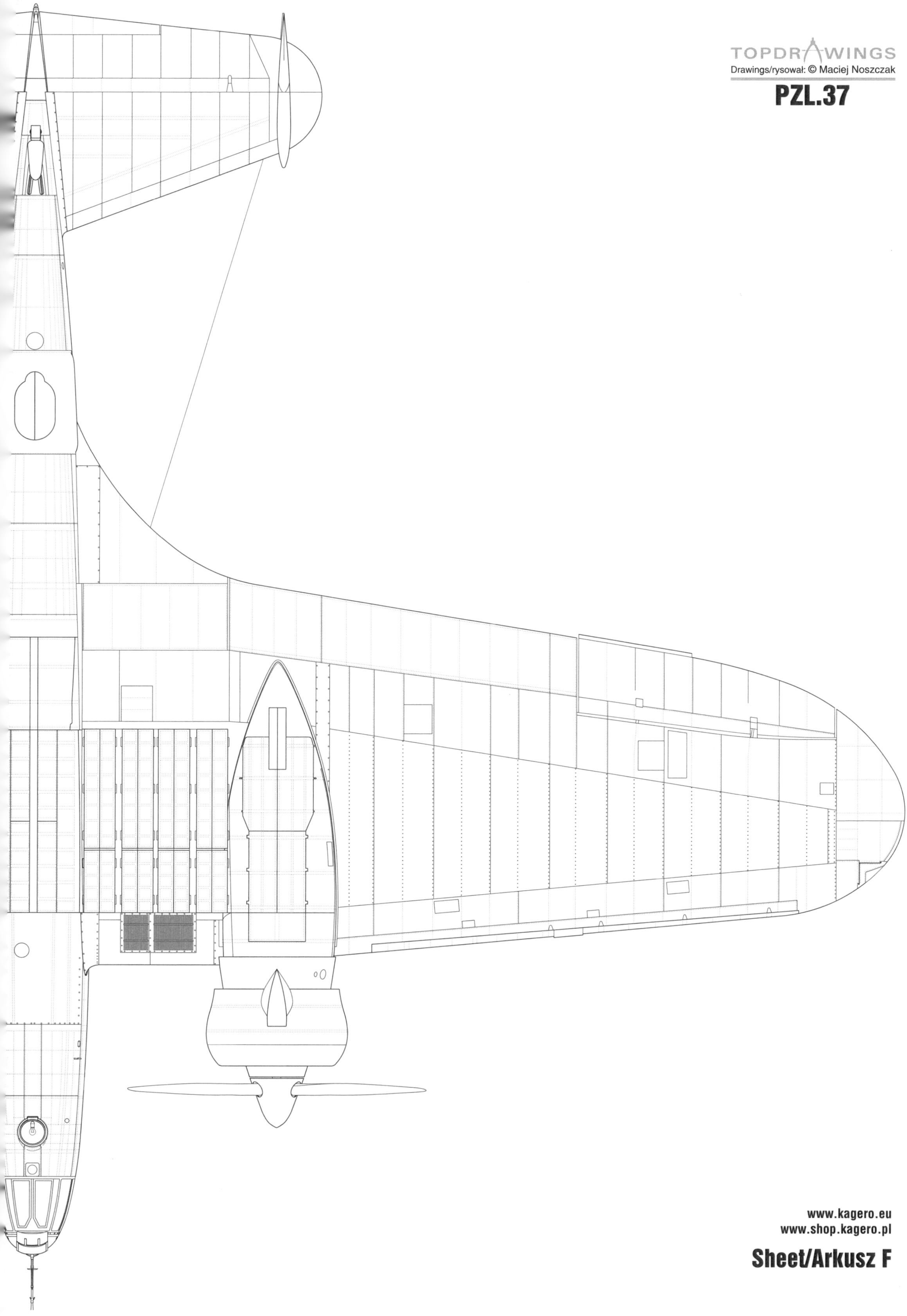

www.kagero.eu
www.shop.kagero.pl

Sheet/Arkusz F

PZL.37B

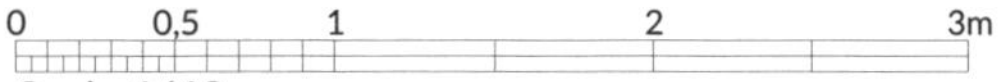

PZL.37B, top view
PZL.37B, widok z góry

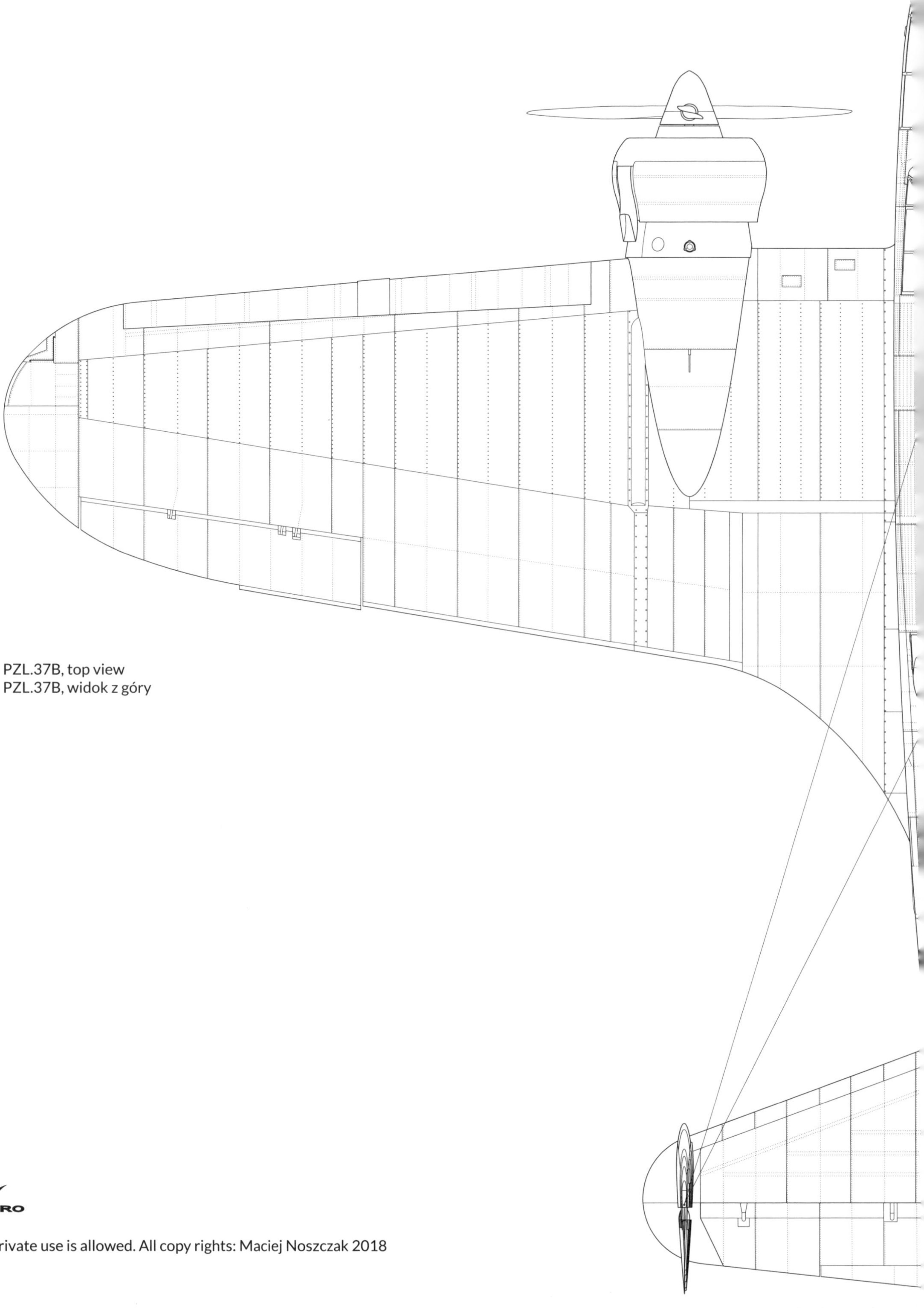

KAGERO

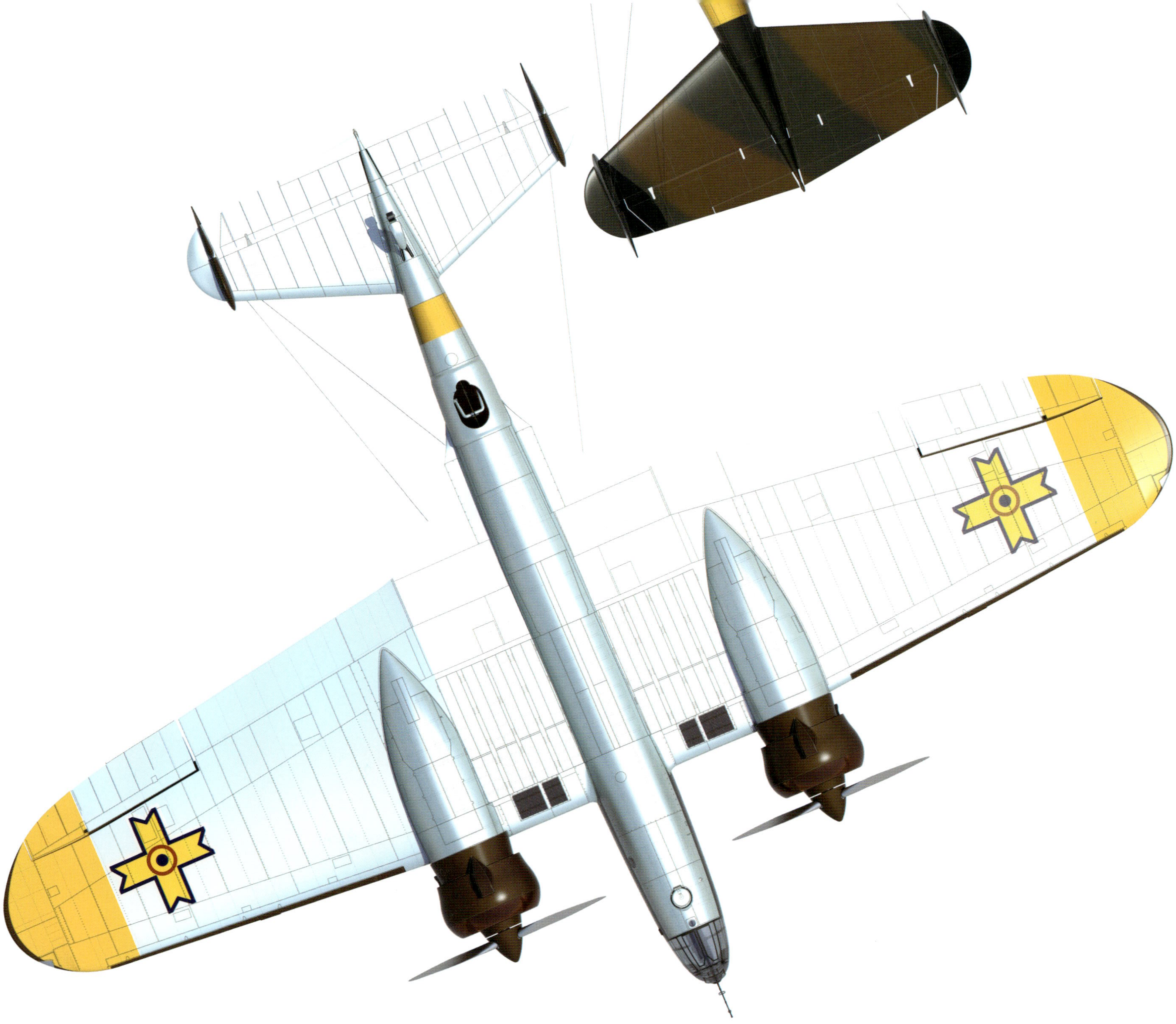

Painted by / Malował:
Maciej Noszczak

Painted by / Malował:
Maciej Noszczak

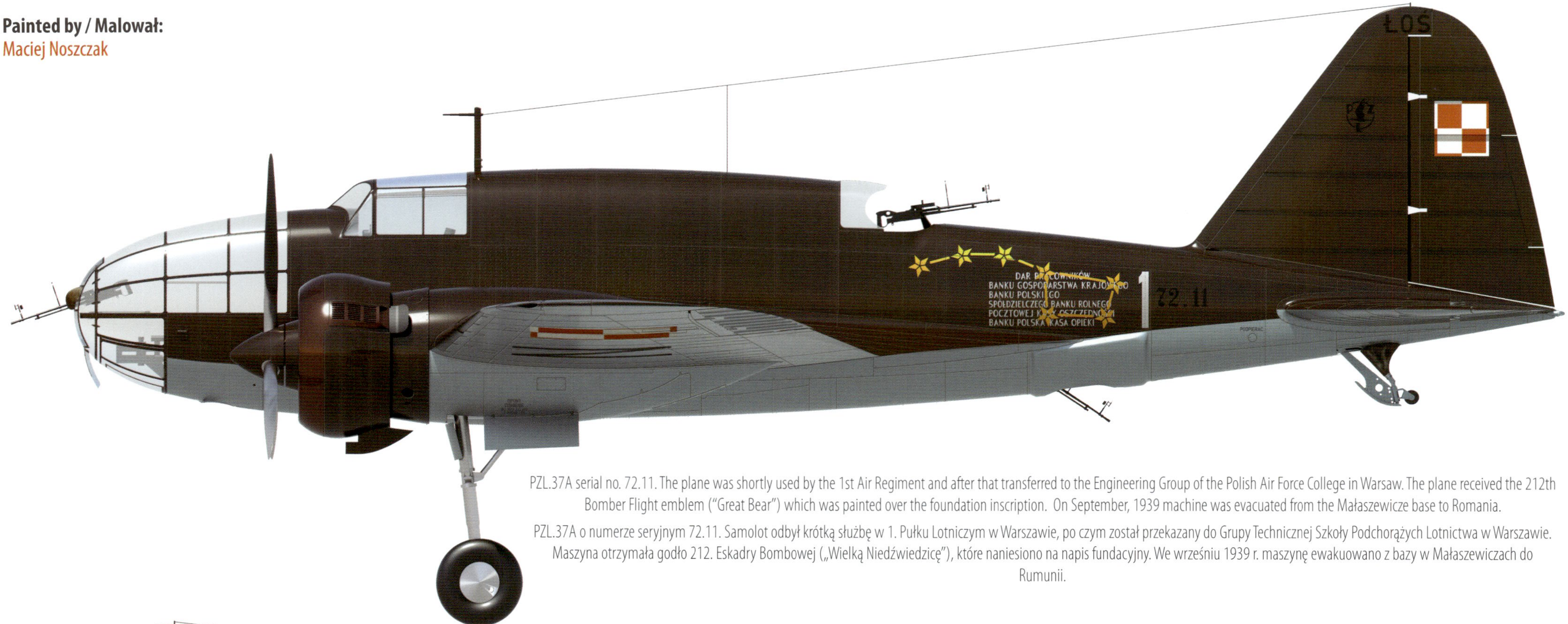

PZL.37A serial no. 72.11. The plane was shortly used by the 1st Air Regiment and after that transferred to the Engineering Group of the Polish Air Force College in Warsaw. The plane received the 212th Bomber Flight emblem ("Great Bear") which was painted over the foundation inscription. On September, 1939 machine was evacuated from the Małaszewicze base to Romania.

PZL.37A o numerze seryjnym 72.11. Samolot odbył krótką służbę w 1. Pułku Lotniczym w Warszawie, po czym został przekazany do Grupy Technicznej Szkoły Podchorążych Lotnictwa w Warszawie. Maszyna otrzymała godło 212. Eskadry Bombowej („Wielką Niedźwiedzicę"), które naniesiono na napis fundacyjny. We wrześniu 1939 r. maszynę ewakuowano z bazy w Małaszewiczach do Rumunii.

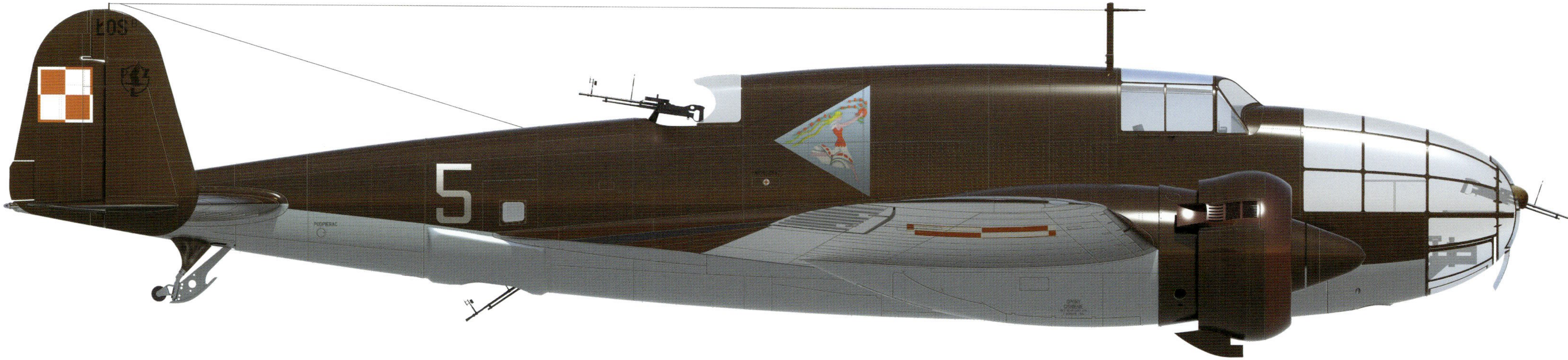

PZL.37B I side no. 5 of the XX Bomber Squadron. Emblem of the 11th Light Bomber Flight (which was disbanded on March 1939) is painted on the side of the fuselage. It might be the 72.118 serial no. machine which was interned and later taken over by Romanians on September 1939

PZL.37B I o numerze bocznym 5 w barwach XX Dywizjonu Bombowego. Na kadłubie widoczne godło rozwiązanej w marcu 1939 r. 11. Eskadry Liniowej. Być może jest to samolot o numerze 72.118, który we wrześniu 1939 r. został internowany, a później przejęty przez Rumunów.

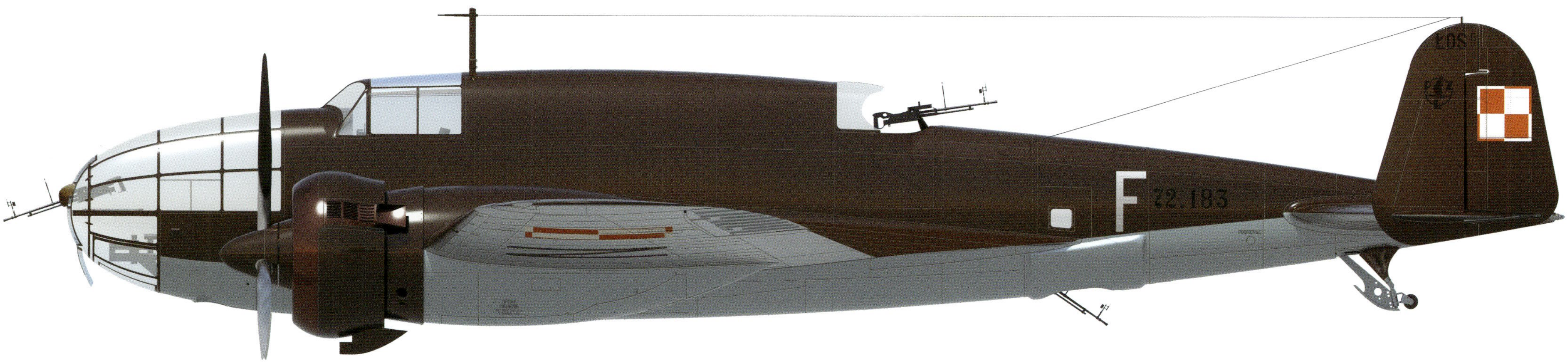

Painted by / Malował:
Maciej Noszczak

PZL.37B II serial no. 72.183, code letter "F". 16th Bomber Flight, September 1939.

PZL.37B II o numerze seryjnym 72.183 i literze kodowej „F". 16. Eskadra Bombowa, wrzesień 1939 r.

Painted by / Malował:
Maciej Noszczak

PZL.37B (II series) – the last batch of this variant had the exhaust pipes installed inboard to reduce the flames visibility during the night.

PZL.37B (II seria) – ostatnia partia maszyn tej wersji posiadała rury wydechowe umieszczone od strony kadłuba, co miało zmniejszyć widoczność płomieni podczas lotów nocnych.

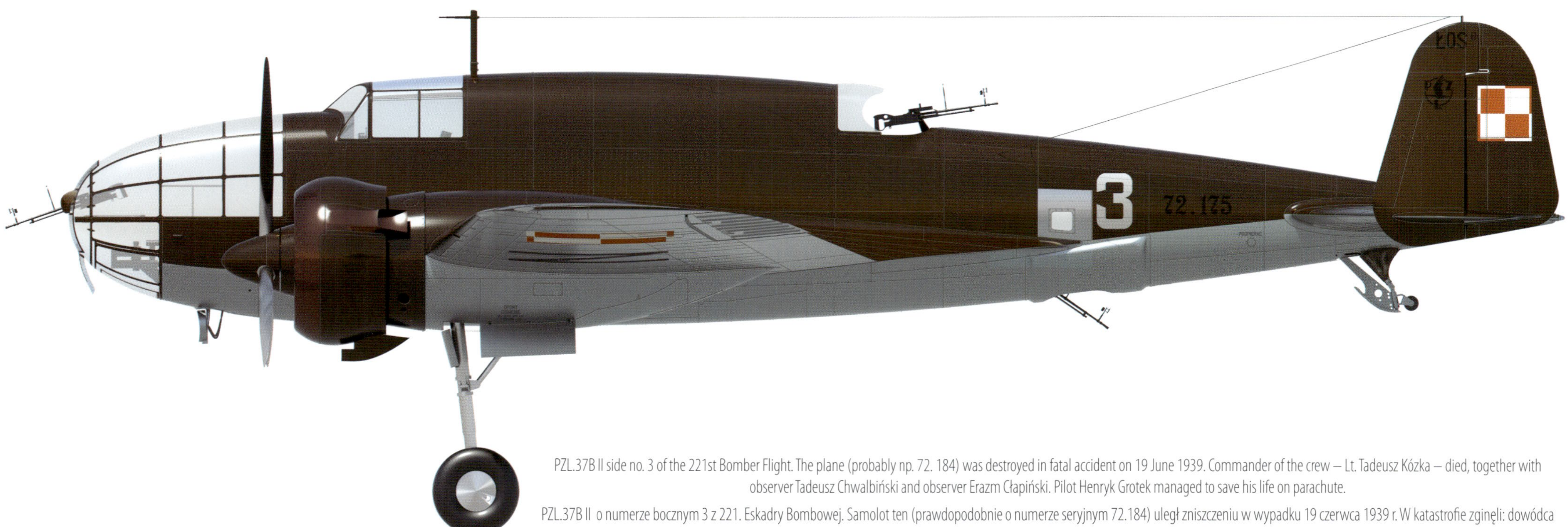

PZL.37B II side no. 3 of the 221st Bomber Flight. The plane (probably np. 72. 184) was destroyed in fatal accident on 19 June 1939. Commander of the crew – Lt. Tadeusz Kózka – died, together with observer Tadeusz Chwalbiński and observer Erazm Cłapiński. Pilot Henryk Grotek managed to save his life on parachute.

PZL.37B II o numerze bocznym 3 z 221. Eskadry Bombowej. Samolot ten (prawdopodobnie o numerze seryjnym 72.184) uległ zniszczeniu w wypadku 19 czerwca 1939 r. W katastrofie zginęli: dowódca załogi ppor. Tadeusz Kózka, sierż. obs. Tadeusz Chwalbiński, sierż. obs. Erazm Cłapiński. Plut. pil. Henryk Grotek zdołał uratować się na spadochronie.

PZL.37Los

Skala/scale 1/48

Sheet/Arkusz 12

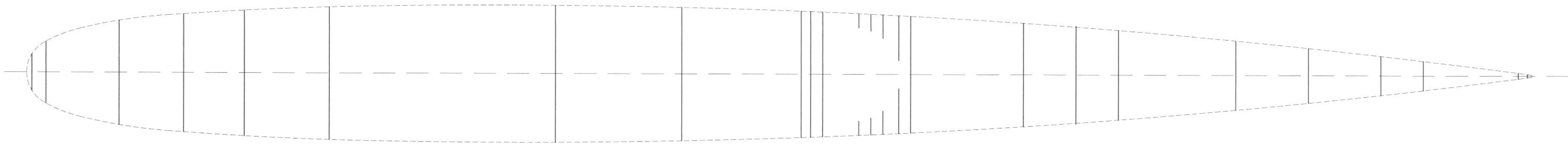

TOPDRAWINGS
Drawings/rysował: © Maciej Noszczak

PZL.37

○ PZL.37 – fuselage cross sections
PZL.37 – przekroje kadłuba

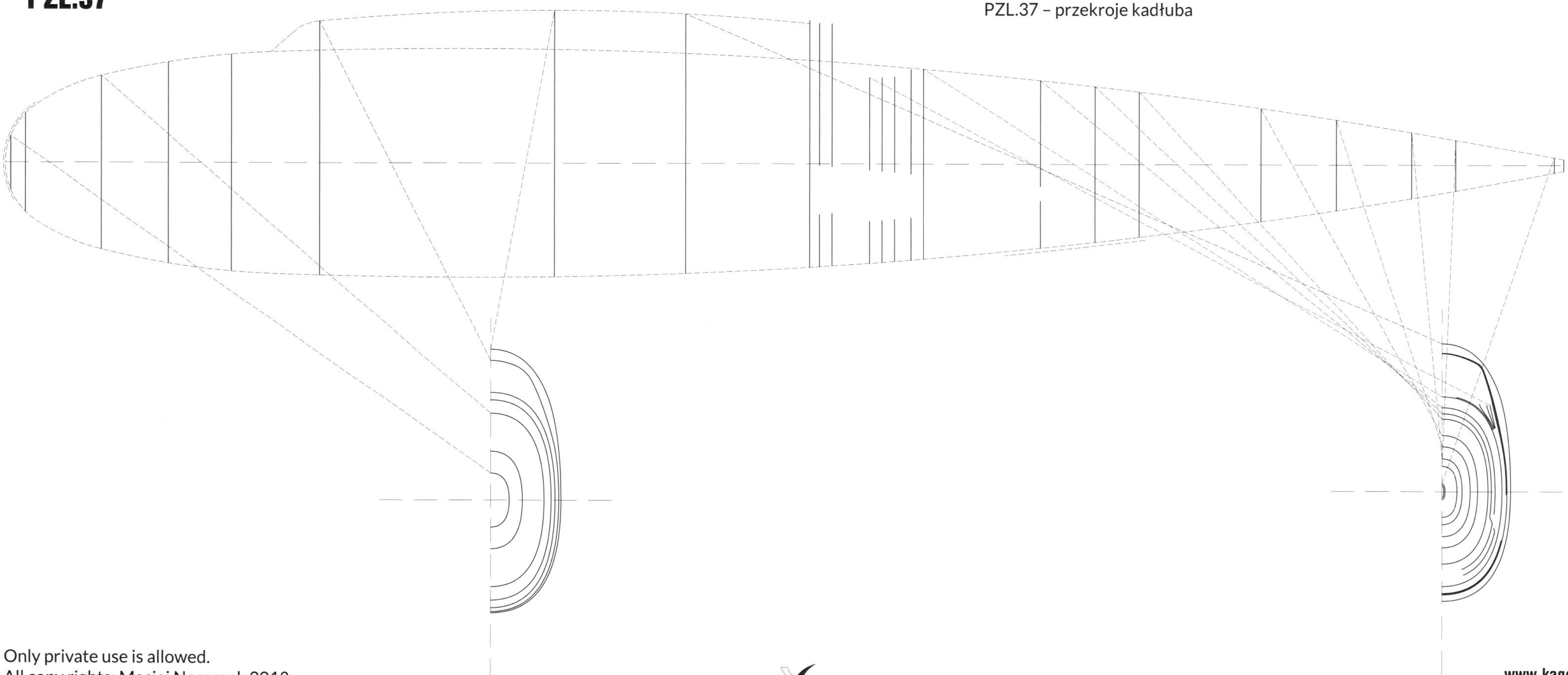

KAGERO

www.kagero.eu
www.shop.kagero.pl

PZL.37

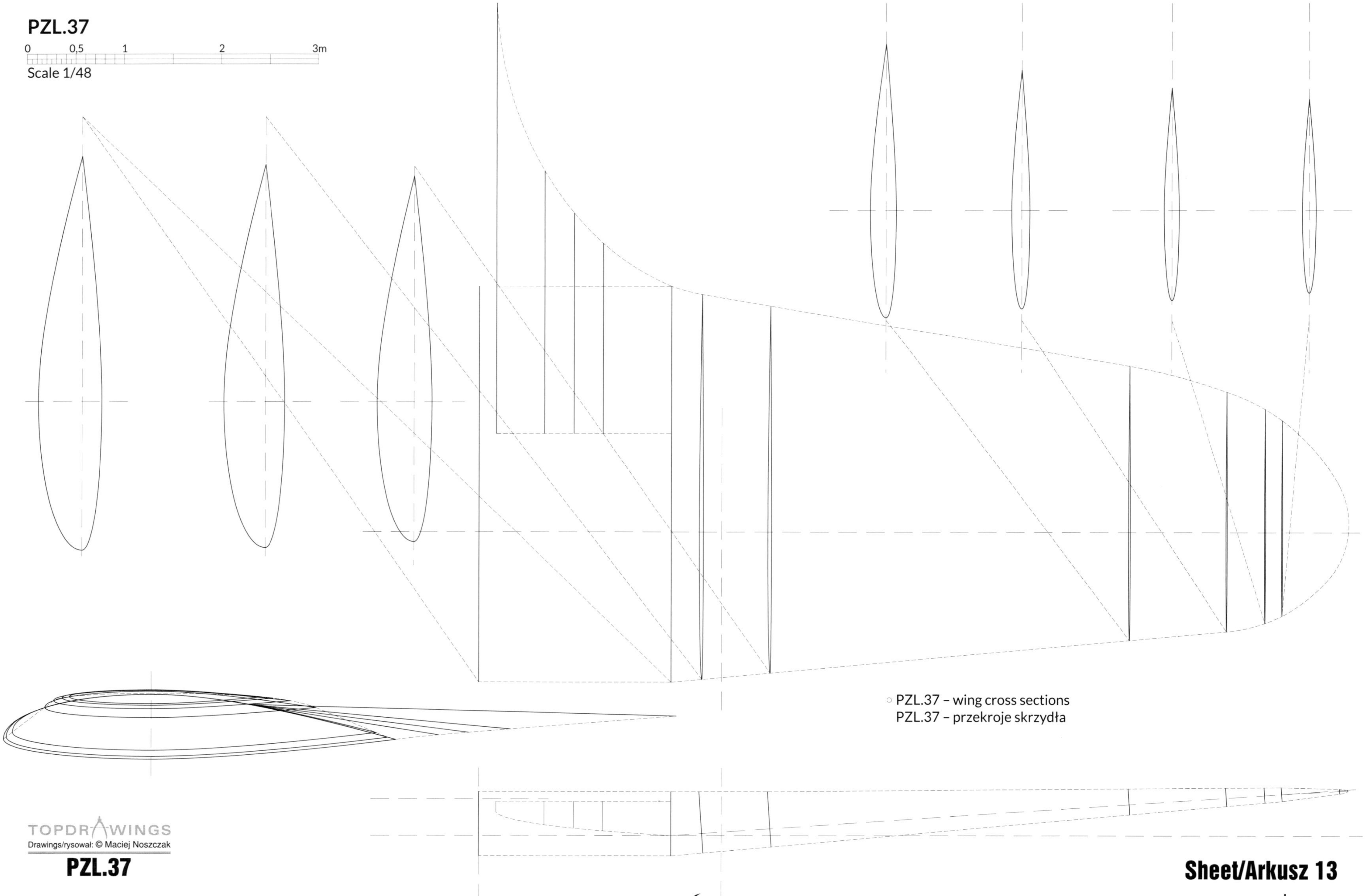

○ PZL.37 – wing cross sections
PZL.37 – przekroje skrzydła

TOPDRAWINGS
Drawings/rysował: © Maciej Noszczak

PZL.37

Sheet/Arkusz 13

KAGERO

www.kagero.eu
www.shop.kagero.pl

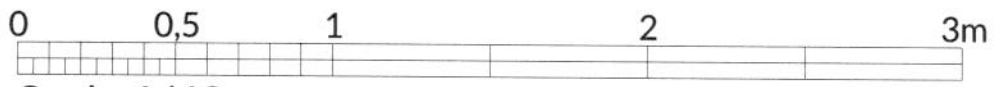

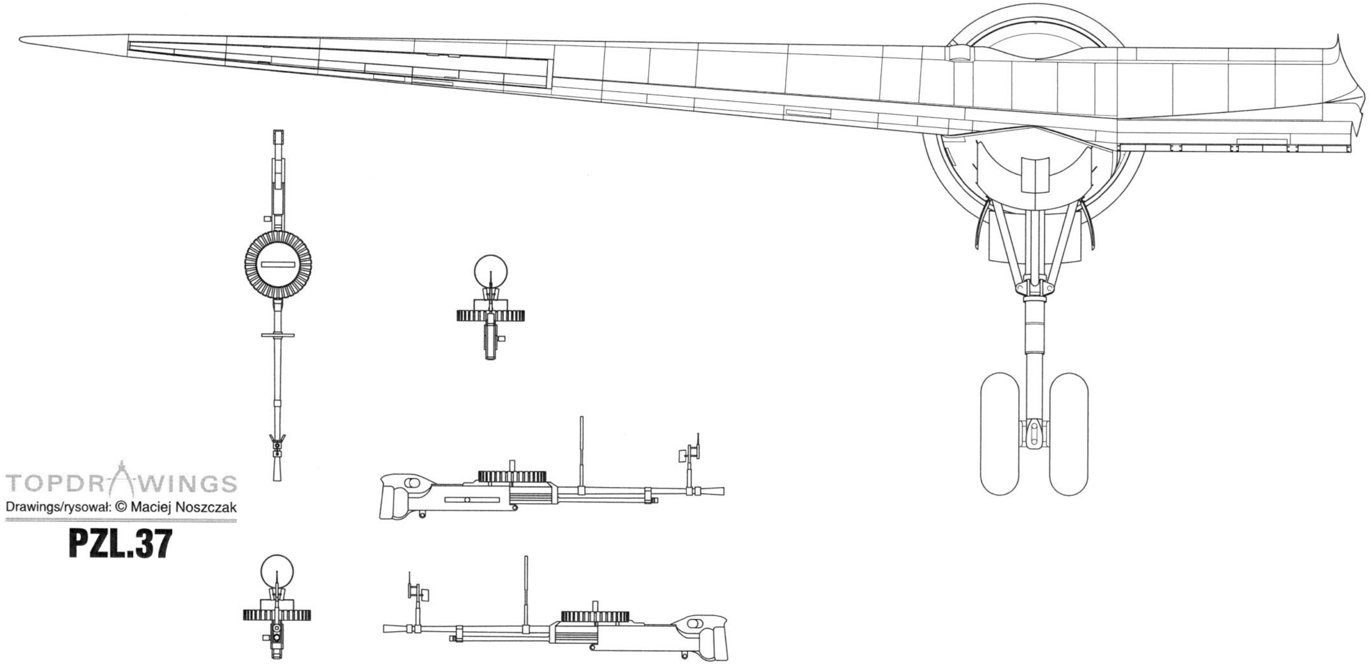

◦ Machine gun model 37 "Szczeniak" ("Pup"); 1/24 scale
Karabin maszynowy wz. 37 „Szczeniak"; skala 1/24

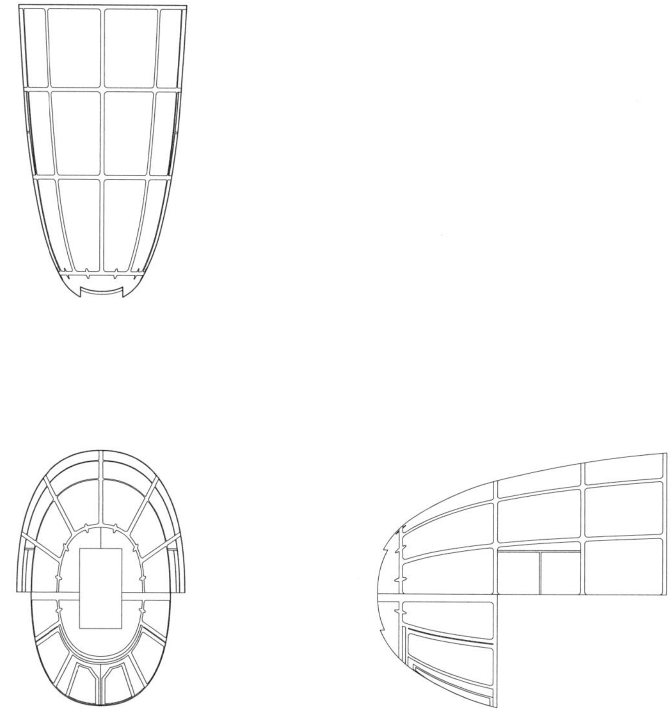

◦ Nose framing
Ramy oszklenia części nosowej

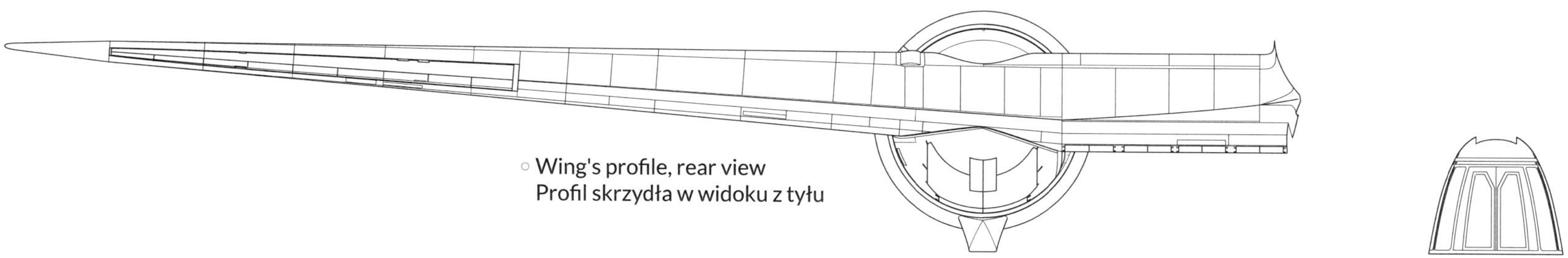

◦ Wing's profile, rear view
Profil skrzydła w widoku z tyłu

PZL.37A

0 0,5 1 2 3 4 4,5

Skala/scale 1/72

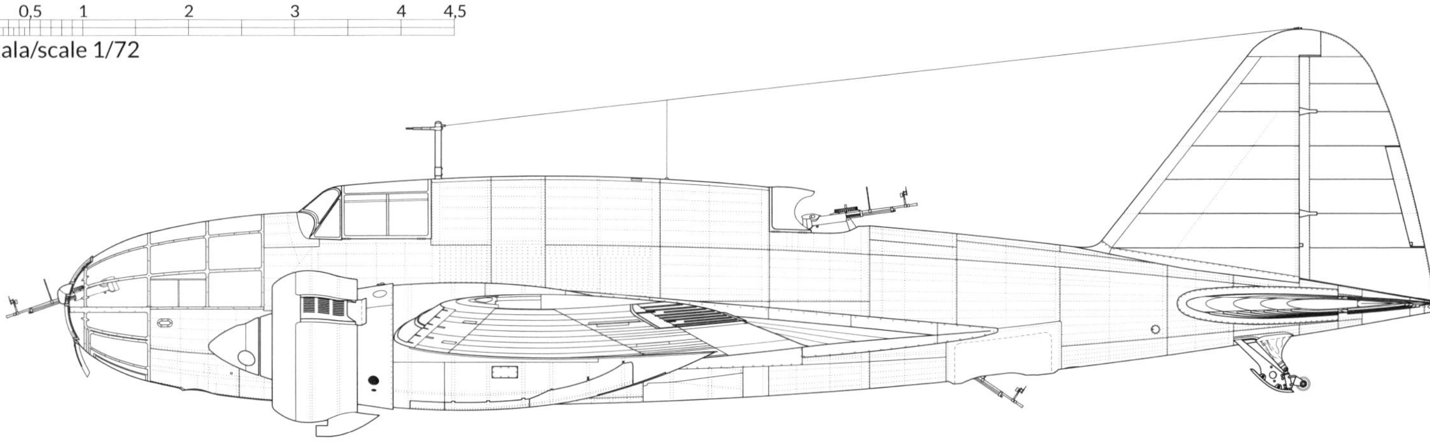

PZL.37A

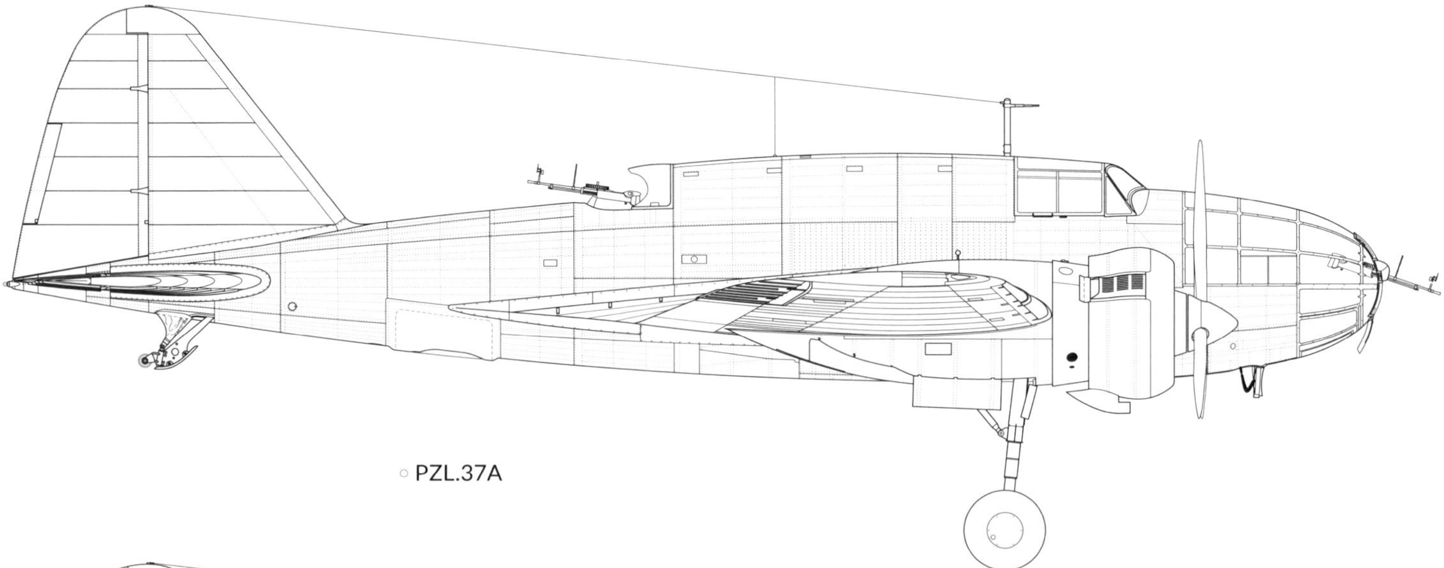

PZL.37A

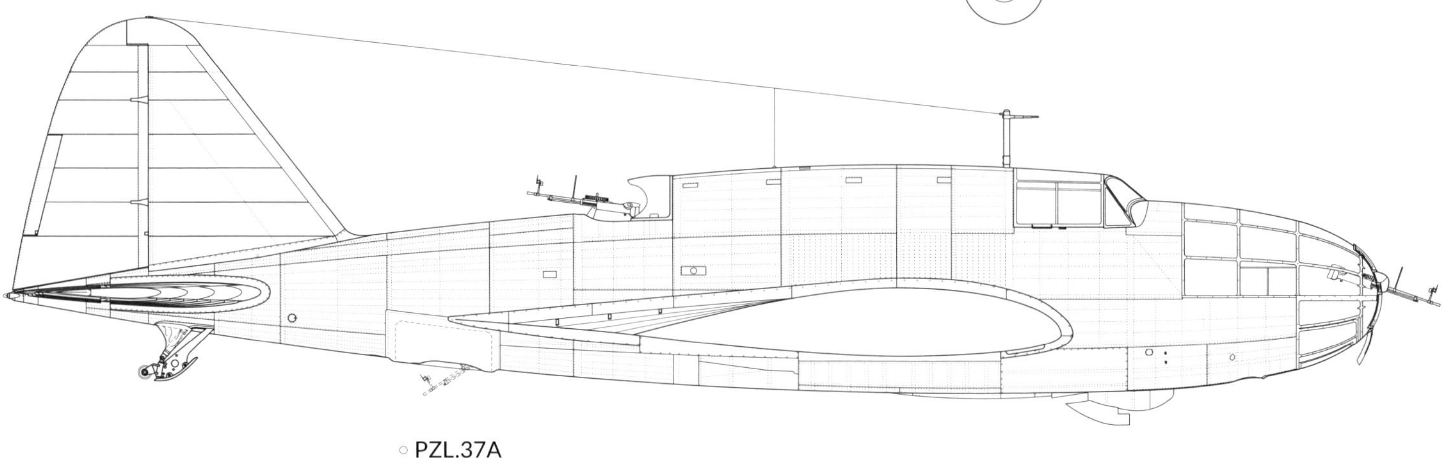

PZL.37A

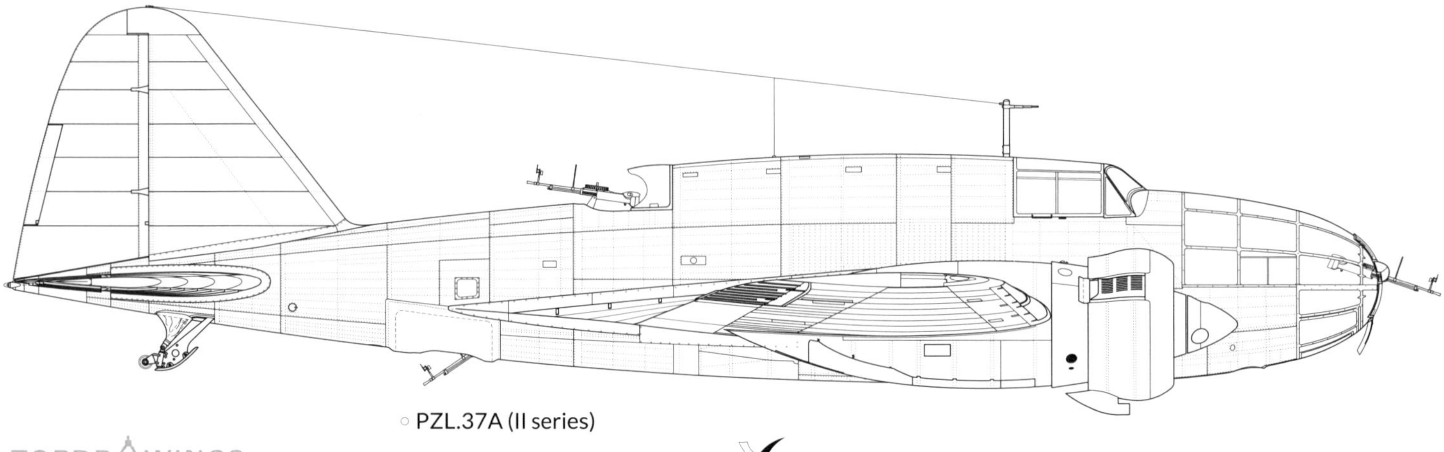

PZL.37A (II series)

PZL.37A

0 0,5 1 2 3 4 4,5

Skala/scale 1/72

Sheet/Arkusz 16

PZL.37A, front view
PZL.37A, widok od przodu

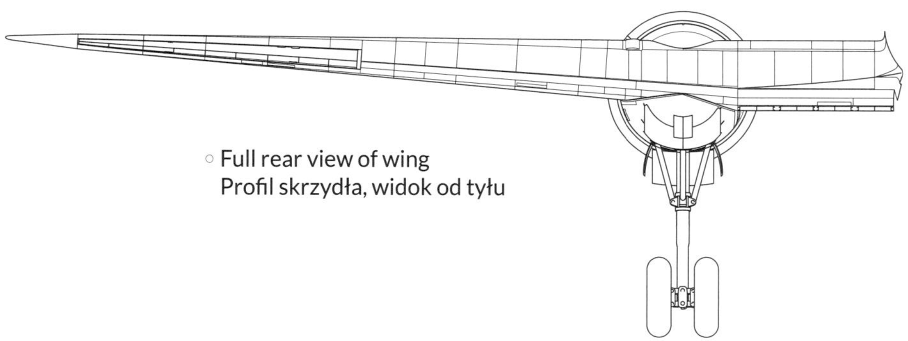

Full rear view of wing
Profil skrzydła, widok od tyłu

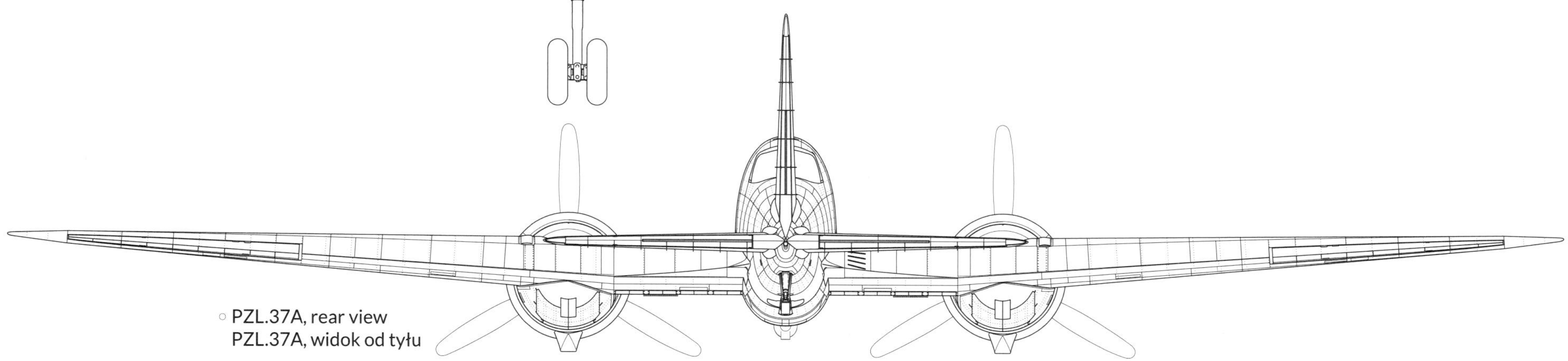

PZL.37A, rear view
PZL.37A, widok od tyłu

TOPDRAWINGS
Drawings/rysował: © Maciej Noszczak

PZL.37

KAGERO

www.kagero.eu
www.shop.kagero.pl

PZL.37A

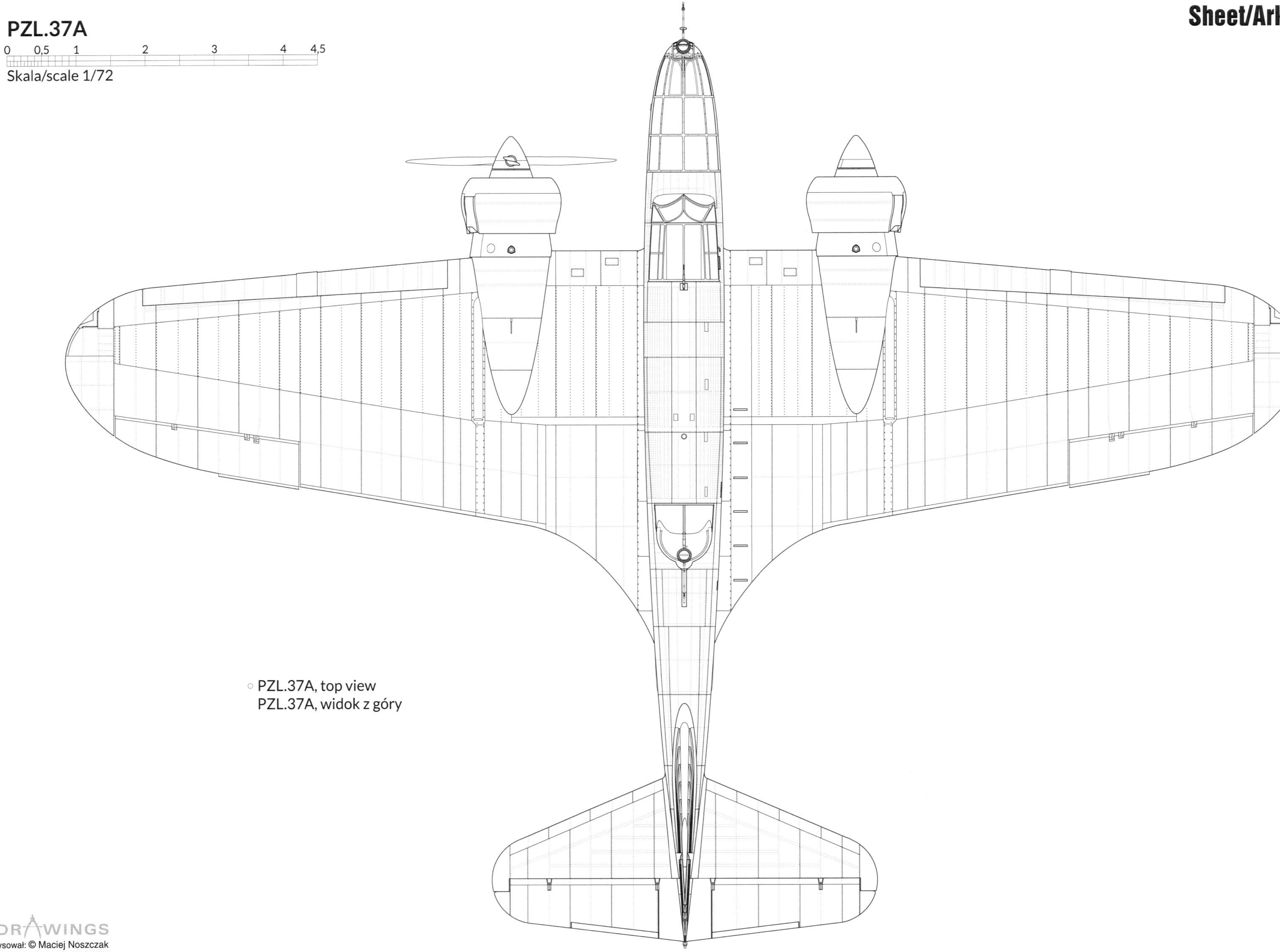

Skala/scale 1/72

○ PZL.37A, top view
PZL.37A, widok z góry

PZL.37A

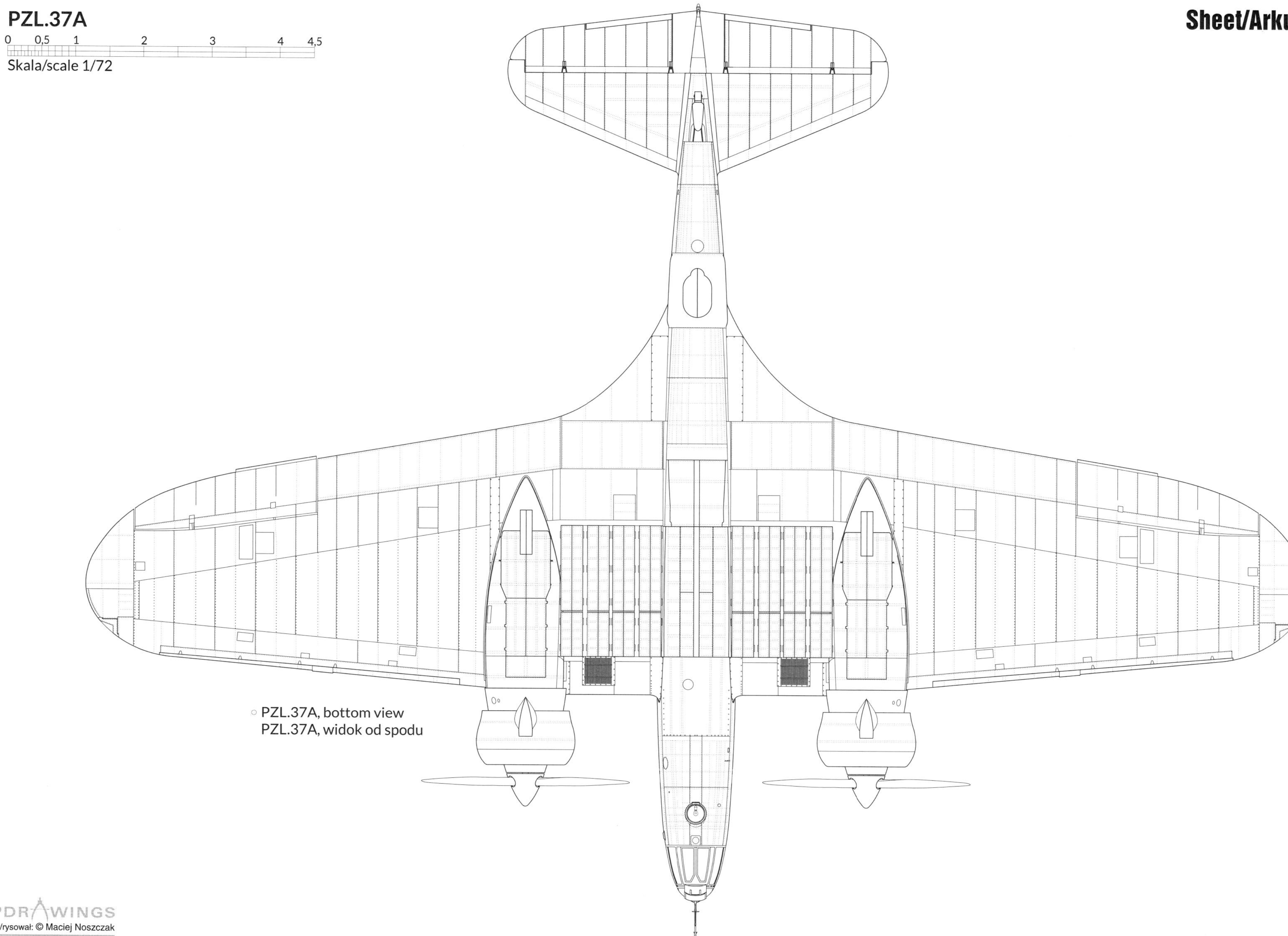

Skala/scale 1/72

PZL.37A, bottom view
PZL.37A, widok od spodu

TOPDRAWINGS
Drawings/rysował: © Maciej Noszczak

PZL.37

KAGERO

www.kagero.eu
www.shop.kagero.pl

PZL.37B

0 0,5 1 2 3 4 4,5

Skala/scale 1/72

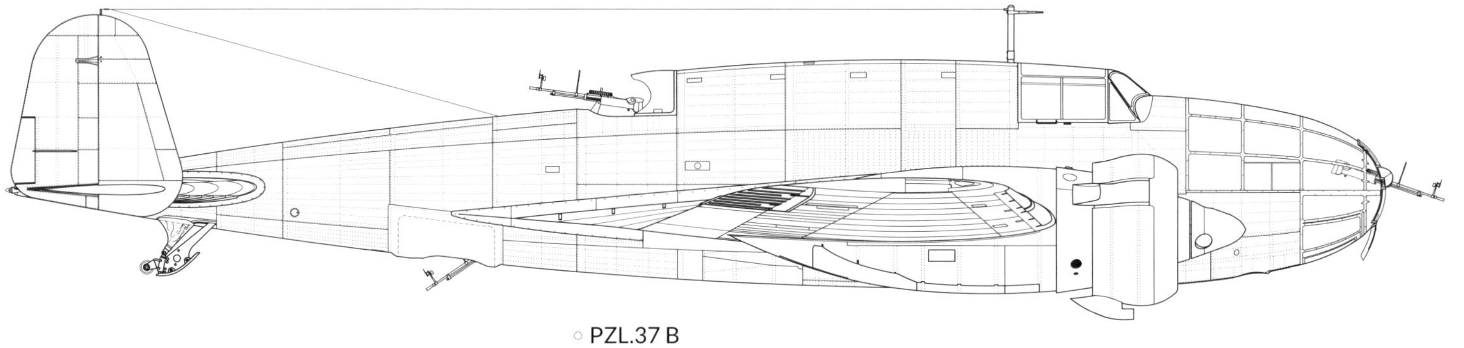

PZL.37 B

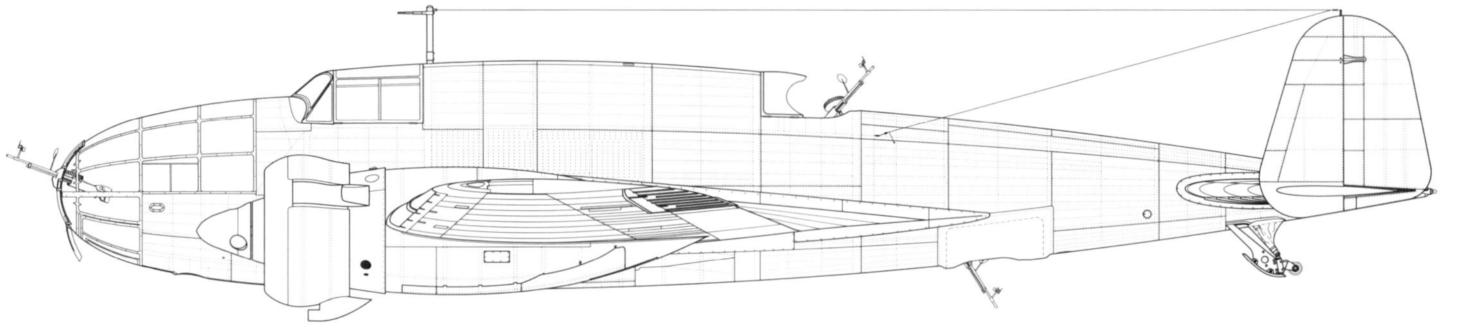

PZL.37B

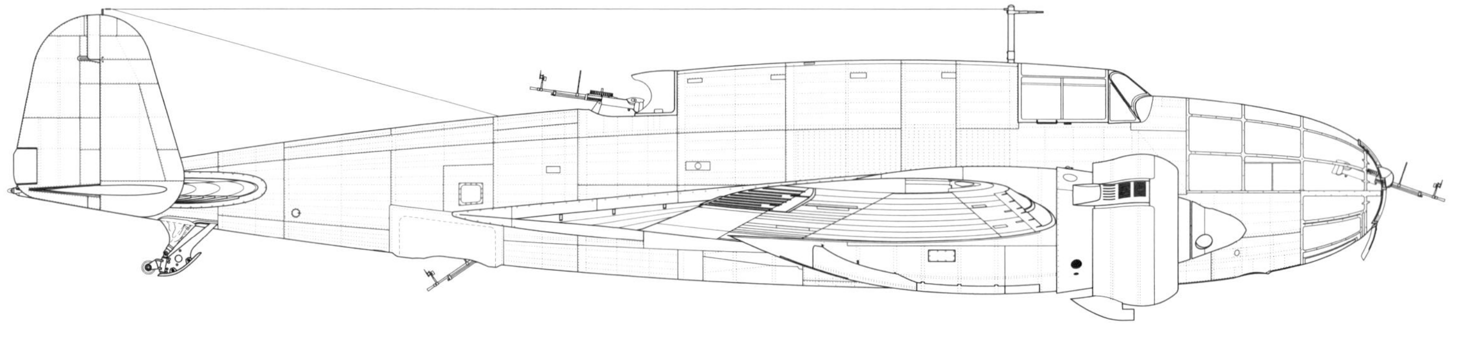

PZL.37B (II series)

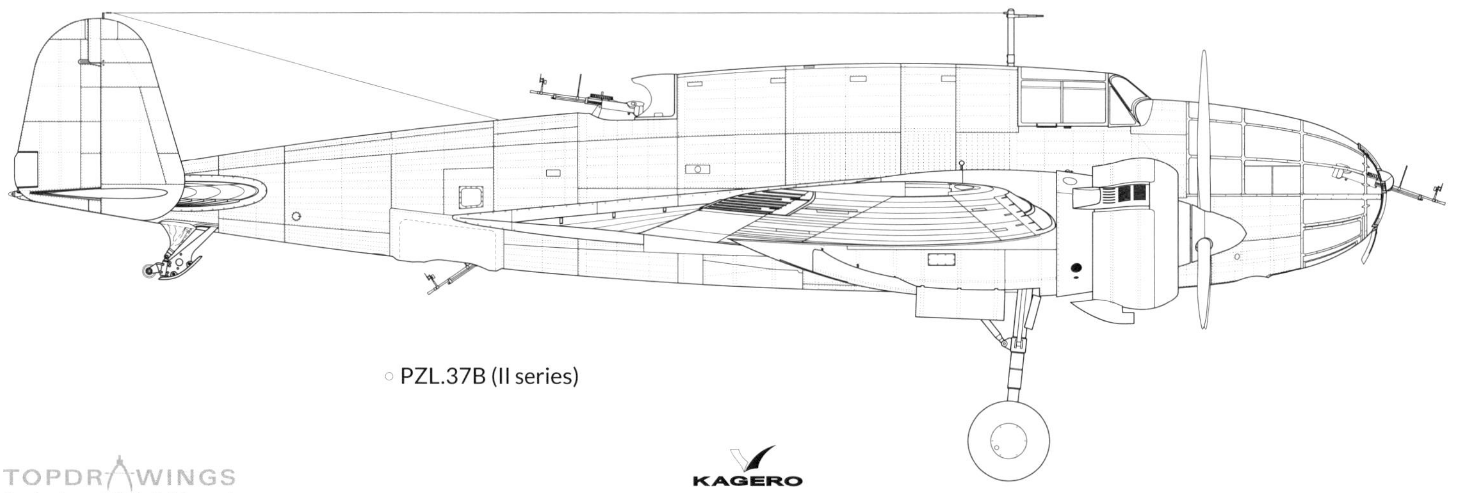

PZL.37B (II series)

TOPDRAWINGS

Drawings/rysował: © Maciej Noszczak

PZL.37

KAGERO

PZL.37B

0 0,5 1 2 3 4 4,5

Skala/scale 1/72

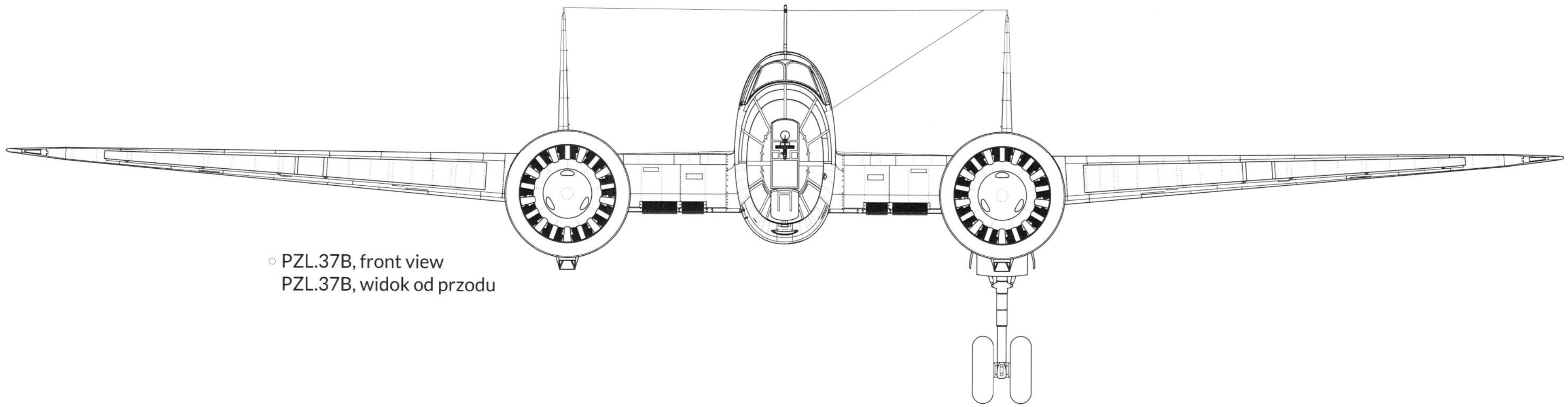

PZL.37B, front view
PZL.37B, widok od przodu

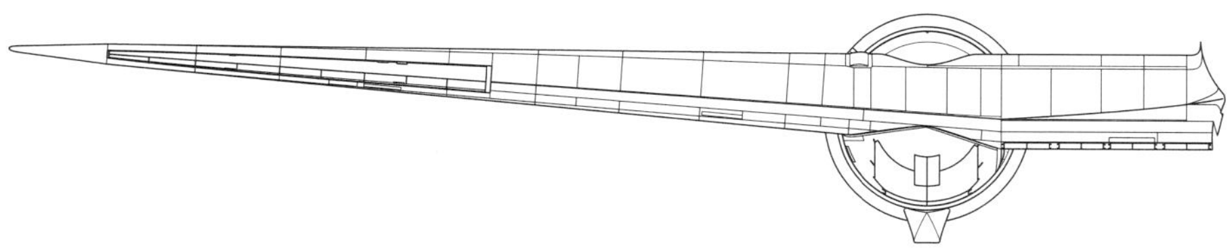

Full rear view of wing
Profil skrzydła, widok od tyłu

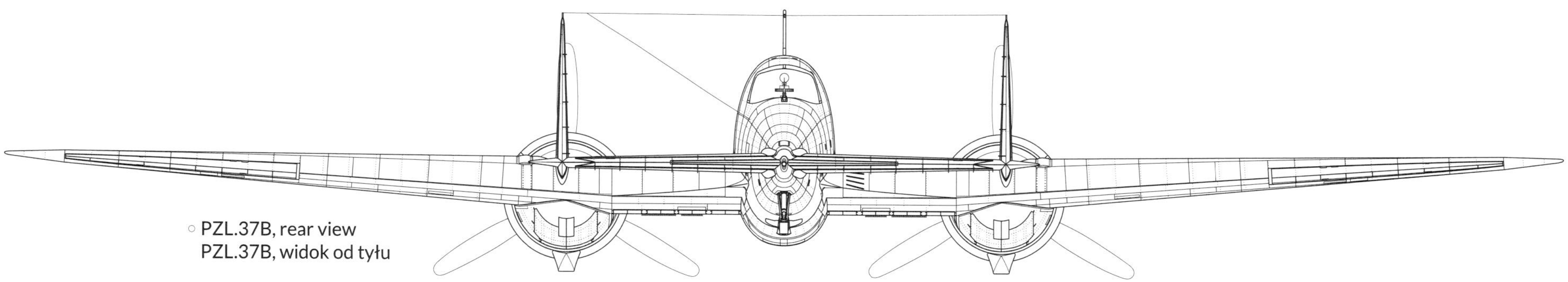

PZL.37B, rear view
PZL.37B, widok od tyłu

TOPDRAWINGS
Drawings/rysował: © Maciej Noszczak

PZL.37

KAGERO

PZL.37B

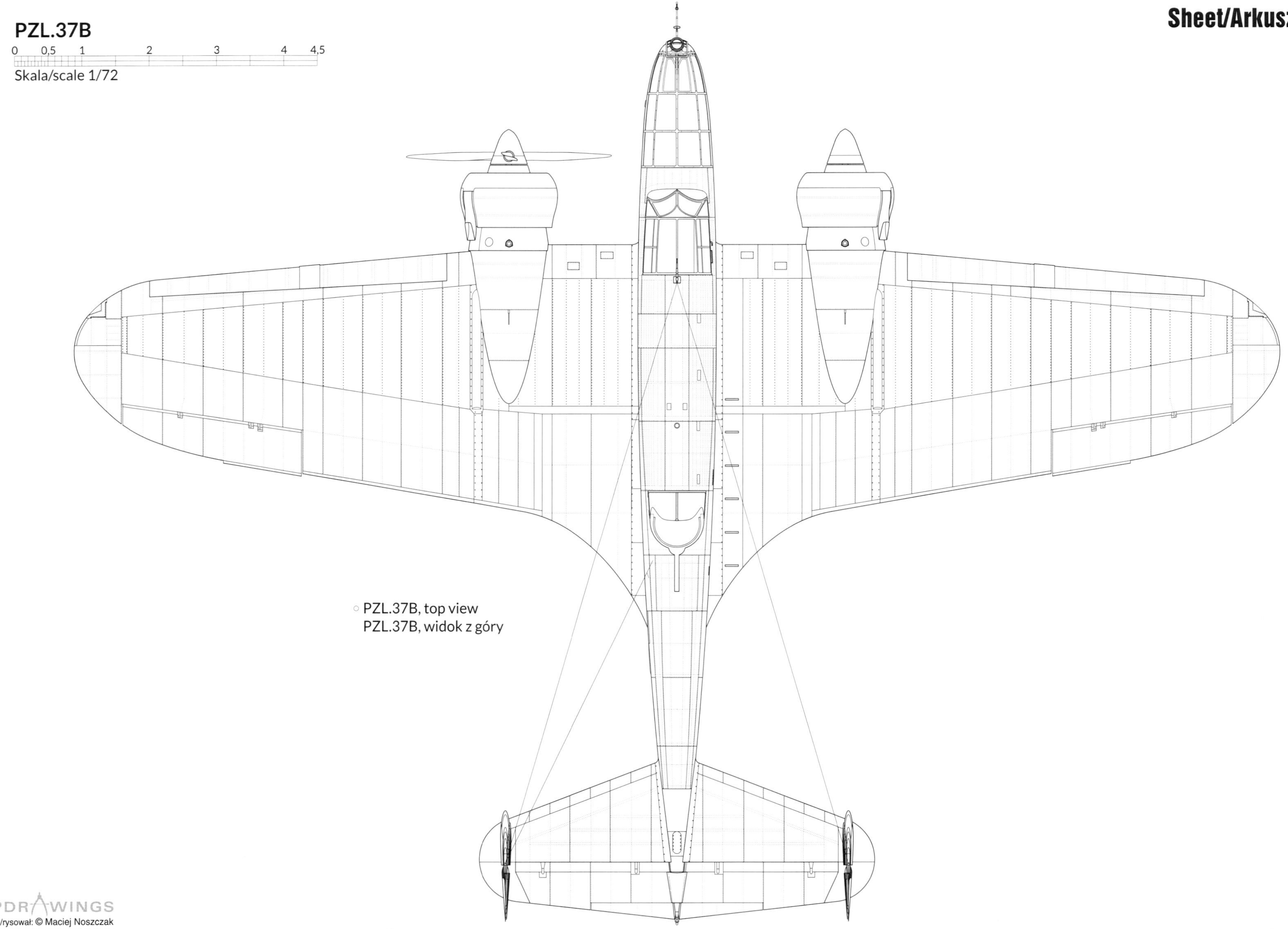

PZL.37B, top view
PZL.37B, widok z góry

PZL.37B

0 0,5 1 2 3 4 4,5

Skala/scale 1/72

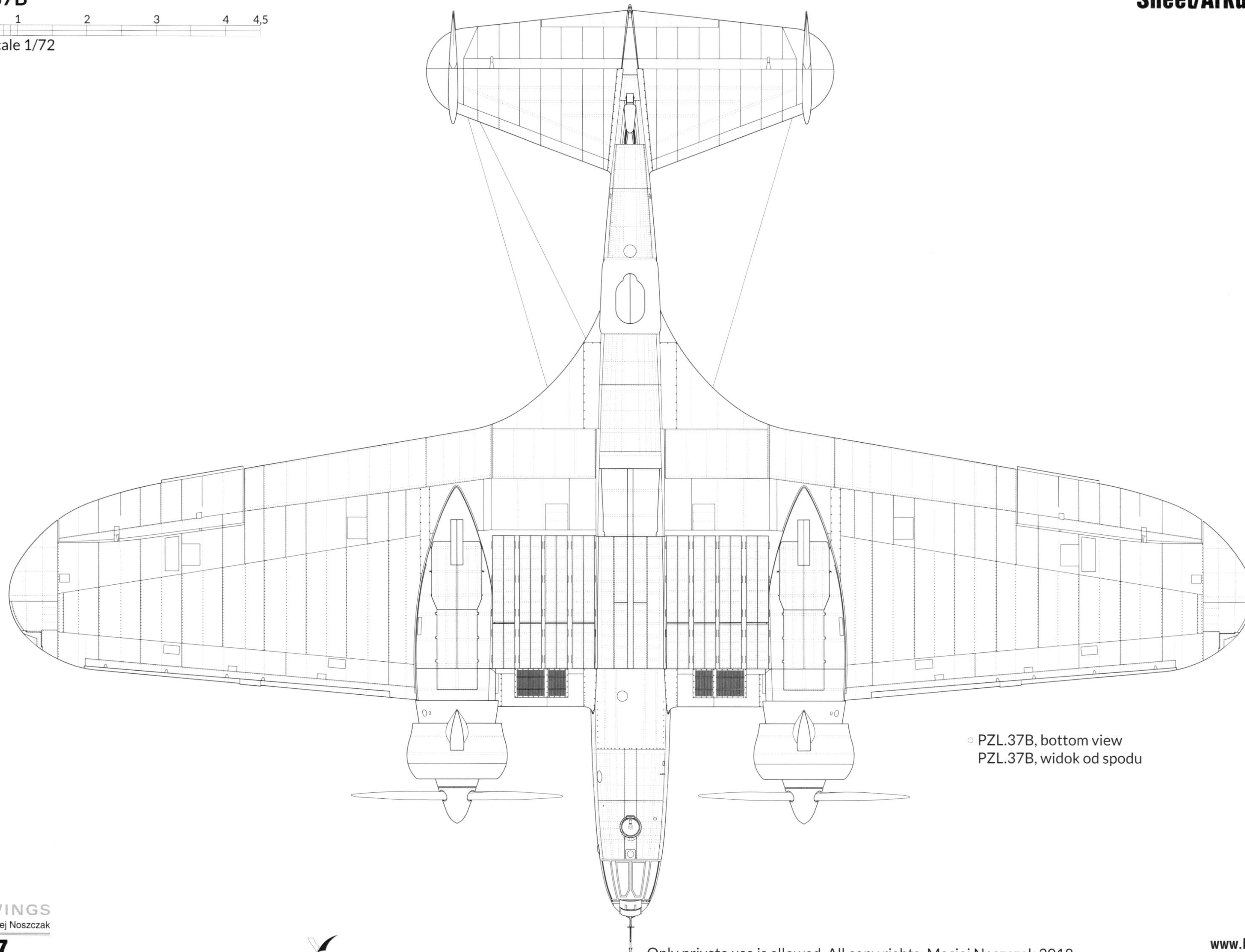

PZL.37B, bottom view
PZL.37B, widok od spodu

TOPDRAWINGS
Drawings/rysował: © Maciej Noszczak

PZL.37

KAGERO

www.kagero.eu
www.shop.kagero.pl